U0274662

新时代〈职场〉新技能

EFFICIENT
LEARNING

曹将的公开课

高效学习

曹将——著

清华大学出版社

北京

内 容 简 介

这是一个快速变化的时代，它对个人能力的提升提出了更高更频繁的要求。越来越多的职场人通过看书、上网课、链接牛人等各种方式提升自己，却发现收效甚微。

本书为大家提供了一套系统性的学习策略：从目的入手，通过转换视角，绘制学习地图，明确学习方向；找到学习的三个影响因素，逐一破解心态、状态和行动上的阻碍；掌握阅读、听课、偷师和实践四种学习方法，达成学习目标，同时解决工作难题；最后，通过知识管理，沉淀学习收获。

图书在版编目（CIP）数据

高效学习：曹将的公开课 / 曹将著 . —北京：清华大学出版社，2022.3（2022.5重印）

（新时代·职场新技能）

ISBN 978-7-302-59731-5

Ⅰ . ①高… Ⅱ . ①曹… Ⅲ . ①学习方法 Ⅳ . ① G791

中国版本图书馆 CIP 数据核字 (2021) 第 277756 号

责任编辑：刘　洋
装帧设计：方加青
责任校对：宋玉莲
责任印制：杨　艳

出版发行：清华大学出版社
    网　　　址：http://www.tup.com.cn，http://www.wqbook.com
    地　　　址：北京清华大学学研大厦A座　　　　邮　　编：100084
    社 总 机：010-83470000　　　　邮　　购：010-62786544
    投稿与读者服务：010-62776969，c-service@tup.tsinghua.edu.cn
    质 量 反 馈：010-62772015，zhiliang@tup.tsinghua.edu.cn
印 装 者：小森印刷（北京）有限公司
经　　销：全国新华书店
开　　本：170mm×240mm　　　印　张：18　　　字　数：284千字
版　　次：2022 年 4 月第 1 版　　　印　次：2022 年 5 月第 2 次印刷
定　　价：108.00元

产品编号：093806-01

引言 从学生思维到职场思维

1 学生思维：被动的解题者

2014年7月，我25岁，这是我人生中最黑暗的时光之一。

当时我研究生毕业，来到保利发展（原保利地产）总部的战略研究院工作。到岗不久，领导布置任务，让我研究文旅地产的投资和运营模式。作为一个新人，刚入职就接到这样"重磅"的工作，自然很激动。但隔天我的情绪就变成了慌张，因为完全不知道如何入手。我不敢去问领导和同事该怎么做，因为怕丢人。于是我就硬着头皮在网上搜索各种资料，终于在截止日期前拼凑出一份报告。站在打印机前看着一张张材料被"吐"出来，自我感觉就像励志职场剧中的男主角：曹将，你看，你也可以做到！

当我把报告递交给领导之后，收获的不是赞美，而是摇头。领导从逻辑层面和内容层面指出了一个又一个问题，虽然语气不重，却在我的心里引发了一场"海啸"。我觉得很委屈，自己付出了这么多努力，没有得到一句安慰或赞美；在这个过程中，领导也没来帮我，而要我独自一人去完成。

类似的情况在我入职后的前几个月不断发生。我开始怀疑，自己的能力是不是真的不行，这份岗位是不是真的适合自己，甚至我还偷偷在求职网站上更新了个人简历。但是，工作未满一年的员工，很难找到合适的工作，所以我只能硬着头皮扛下去。当时我心里想的是：再坚持一年就走。

等到后来，我也变成了职场老人，我发现大家或多或少都会经历类似的阵痛：不知道如何适应职场环境，在碰壁之后总会怀疑自己。这背后的原因，来自于我们将学校的习惯带入职场之中。在学校，我们的习惯是：

- 被动学习。学习大多数是为了考试，不用自己去找目标。
- 等待援助。考试前等老师画重点，生活上等家长支持。
- 自尊心强。不愿意去求人，遇到问题自己扛。

总结起来就是：被动的解题者。我们会有一种依赖感，总希望别人指一个方向，并在沿途设置一个个补给站点，甚至还有啦啦队员，于是就可以按部就班，顺利抵达一个个里程节点，最后再达到终点，收获掌声。如果缺失了某个环节，我们就会感到不适，就会碰壁，陷入自我怀疑的旋涡。

2 职场思维：主动的出题者

2015 年，我没有离职。领导看我独立完成课题有问题，于是让我协助另一位同事做项目。因为有过之前的挫折，我开始有意识地观察这位老同事的做事方式。比如当时我们要完成一份地产行业对标分析，她的做法是：

第一，全面出击，积极整合所有资源。接到任务以后，她安排我在网上找资料，自己则打电话给相关企业认识的朋友，了解内部的一手信息。

第二，面对困难，曲线找到解决方案。有一家企业的信息实在找不到，她通过自己的老同学，找到这家企业的员工，然后自费请对方吃饭，请教相关问题。

第三，主动沟通，明确报告的关键点。在收集到足够信息以后，她做了一份粗略版的提纲，主动去跟领导沟通，了解是否可行，并根据领导的反馈进行调整。

……

跟她合作之后，我终于理解了职场的核心：职场是目标导向。老板花钱请你来工作，核心肯定是希望你创造价值。所以，你必须变成主动的出题者。在面对一个个任务时，你必须基于目标，提出更多具体的问题：

- 路径是什么？我如何才能达成工作的目标？
- 资源有什么？要达成目标，需要多少人手、多少预算？
- 安排是什么？如何把手上的牌打好？

在出题和解题过程中，你发现自己会缺失很多支撑要素，但这并不意味着要等别人支持，你必须主动去积累资源、整合资源。最终，才能越过一个个障碍，达成一个个目标。

3　通过学习掌握职场主动权

2018 年，我的职业生涯发生了一次转变。公司成立了保利商学院，我从战略研究院转岗过去，负责培训工作。在接下来的三年时间里，我策划并实施了十多个培养项目。在这个过程中，我逐渐意识到，除了职场新人之外，每个人在他的职场生命周期里，都会面临一个个转型，也都会经历一次次阵痛。

管理咨询大师拉姆·查兰在他的经典著作《领导梯队》中总结了领导力开发的六个阶段（见表 1），也就是一次次阵痛的时间点，它们分别是：

（1）从管理自我到管理他人。

（2）从管理他人到管理经理人员。

（3）从管理经理人员到管理职能部门。

（4）从管理职能部门到事业部总经理。

（5）从事业部总经理到集团高管。

（6）从集团高管到首席执行官。

在每个转型阶段，新的岗位都会对个人的能力提出新的挑战。于是，我们需要给自己出更多的题、找到更多的答案。

表 1　领导力开发的六个阶段

职业发展阶段	需要的工作（领导）技能	如何进行时间管理	需要坚持的工作理念
个人贡献者（管理自我）	●技术或业务能力 ●团队协作能力 ●为了个人利益和个人成果建立人际关系 ●合理运用公司的工具、流程和规则	●按时上下班 ●按时完成任务（通常是短期的时间安排）	●通过个人能力完成任务 ●高质量的技术或专业化工作 ●遵循公司的价值观

续表

职业发展阶段	需要的工作（领导）技能	如何进行时间管理	需要坚持的工作理念
一线经理（管理他人）	● 制订计划（项目计划、预算计划和人员计划） ● 工作设计 ● 人员选拔 ● 授权 ● 绩效监督 ● 教练辅导与反馈 ● 绩效评估 ● 奖励与激励 ● 沟通与营造工作氛围 ● 为部门发展建立上下左右的良好关系 ● 获取资源	● 年度时间计划（时间安排、项目进度） ● 与下属沟通的专门时间（一是自己的需要；二是下属的需要） ● 为部门和团队工作设定时间方面的优先次序 ● 与其他部门、客户和供应商沟通的时间	● 通过他人完成任务 ● 助力下属的成功 ● 管理型工作和修养 ● 助力部门的成功 ● 像一位真正的管理者 ● 正直诚实
部门总监（管理经理人员）	● 选拔、评估、教练辅导下属经理 ● 为一线经理分配管理工作 ● 评估一线经理的进步 ● 教练辅导一线经理 ● 超越部门、全局性考虑问题 ● 有效协调与其他相关部门的工作	● 主要精力用在管理工作上	● 不能只重视个人贡献和部门工作，而要考虑对其他部门的贡献以及对公司整体的贡献
事业部副总经理（管理职能部门）	● 与其他部门团结协作 ● 管理自己专业外的工作 ● 新的沟通技巧 ● 基于工作需要与其他部门争夺资源 ● 统筹制定职能战略规划	● 参加业务工作会议 ● 与其他部门主管并肩作战 ● 适当授权给下属经理 ● 学习本专业以外的知识	● 大局意识 ● 长远思考 ● 开阔视野 ● 重视未知领域
事业部总经理（管理事业部）	● 制订业务战略规划 ● 管理不同职能部门 ● 熟练与各方面的人共同工作 ● 敏锐地意识到各个部门的利益点 ● 有效沟通 ● 兼顾长远目标与近期目标的平衡 ● 对支持型部门的欣赏和支持	● 花更多时间分析、思考和沟通	● 从经营的角度考虑问题 ● 从长远的角度考虑问题

续表

职业发展阶段	需要的工作（领导）技能	如何进行时间管理	需要坚持的工作理念
集团高管（管理业务群组）	● 评估财务预算和人员配置的战略规划 ● 教练辅导事业（副）总经理 ● 评估业务的投资组合策略 ● 冷静客观地评估管理的资源和核心能力 ● 发现和管理新的业务	● 花大量时间与事业部班子人员沟通	● 开放和善于学习的思维 ● 关注他人的成功 ● 重视选育事业部班子成员
首席执行官（管理全集团）	● 善于平衡短期和长期利益 ● 实现可持续发展 ● 设定公司发展方向 ● 培养公司的软实力 ● 激发全体员工的潜能 ● 确保执行到位 ● 管理全球化背景下的公司	● 不能忙于外部应酬而忽略内部管理 ● 在公司软实力建设上投入时间	● 耐心细致地推动公司循序渐进地进行变革与转型 ● 在长期与短期之间寻找平衡点，并有效地执行 ● 保持与董事会密切沟通与协作 ● 倾听各利益相关方的意见

我们可以看到，在职场的每个阶段，挑战是必然的，舒适是暂时的。这些挑战贯穿于我们的职业生涯，需要我们不断进行自我的迭代升级。

然而，职场人最大的特点就是忙。忙，意味着我们可用的时间有限，意味着我们必须"好钢用在刀刃上"。所以，我们需要一套高效的学习方法，帮助自己在职场上向前迈进。这套学习方法的基本逻辑是学习的基本规律：在跨越每个阶段的路上，必然经历三个步骤。

（1）自我觉察。明确自己需要在哪些方面进行提升，继而形成驱动力。

（2）学习提升。通过各种学习方法去掌握需要的知识和技能。

（3）内化迁移。将知识和技能变为己有。

本书便是基于此展开，可以帮助读者做好以下几件事。

第一，绘制个人学习地图，即实现"自我觉察"。第1章从个人职业发展视角切入，帮助大家理解公司如何评价人才，继而找到自己的不足，设计学习地图，明确成长方向。

第二，掌握高效学习的方法，即实现"学习提升"。第2章从心态、状态和习惯三个角度，帮助大家做好学习前的准备工作；第3、4、5、6章详细介绍高效学习的四种方法，帮助大家系统掌握学习的策略；第7章利用"行动学习"，将四种方法结合起来，帮助大家解决真实的职场难题。

第三，利用知识管理沉淀学习成果，即实现"内化迁移"。第8章介绍了一套知识管理的方法，帮助大家沉淀学习成果，指导日后的工作。

除此之外，本书还有一个特别篇（第9章），介绍如何利用碎片时间进行学习，帮助大家更有效率地实现自我成长。

总之，学习是一场马拉松，既要有方向，也要能坚持，更要讲方法。希望这本书能真正帮助大家实现职场的个人升级。

目录

第 1 章　绘制你的学习地图

1.1　职场人如何才能脱颖而出？ ………………………………3

1.2　能力：行不行看知识和技能 ………………………………5

1.3　经验：过去是未来的论据 …………………………………8

1.4　特质：你的行为趋势可预测 ………………………………11

1.5　动力：找到心中的火焰 ……………………………………15

1.6　制作自己的岗位画像 ………………………………………17

1.7　评估自己与岗位需求的差距 ………………………………19

1.8　四种方法弥补自己的差距 …………………………………21

1.9　评估学习的优先级 …………………………………………23

1.10　绘制自己的学习地图 ……………………………………23

1.11　规划自己和他人的职业发展 ……………………………27

第 2 章　准备：学习前做好三件事

2.1　心态篇：改变受害者心态 …………………………………33

2.2　状态篇：进入学习的心流 …………………………………37

2.3　行动篇：习惯养成的秘籍 …………………………………45

第3章　阅读：建立知识的系统性认知

3.1　选书：做一次图书面试官 ···················· 57

3.2　速读：快速积累目标信息 ···················· 61

3.3　精读：旅行式读书法 ························ 65

3.4　逻辑：用结构图整理图书的整体脉络 ·········· 83

3.5　记忆：提升阅读效果的 10 个建议 ············ 97

3.6　笔记：如何做笔记更有效 ···················101

3.7　《沟通的方法》视觉笔记 ····················114

第4章　听课：短时间快速熟悉一个新领域

4.1　识别：如何找准课程里的精华点？ ············125

4.2　初阶：模板记录法 ························128

4.3　高阶：Fullnotes 记录法 ···················134

4.4　延伸：学习视频课的 5 个锦囊 ··············136

4.5　运用：我是如何听 100 门课程的？ ···········139

第5章　偷师：向你的良师益友学习

5.1　对标：成功的人总在偷师 ···················147

5.2　看准：谁是你的偷师对象？ ·················149

5.3　准备：建立信任的基本公式 ·················152

5.4　观察：让他人的经历成为你的经验 ···········156

5.5　访谈：带着问题去偷师 ·····················164

5.6　整合：将多渠道信息梳理成体系 ·············170

5.7　适配：对方的方法适合我吗？ ···············172

5.8　框架：识别他人成功的关键要素 ·············173

5.9　我是如何成为 PPT 达人的？ ················177

第6章 实践：从经历里挖出金子

6.1 复盘：经验的浪费是最大的浪费 ·················184

6.2 流程：五步开展系统性复盘 ·················186

6.3 成果：如何提炼复盘的金子？ ·················189

6.4 模型：如何归纳出自己的套路？ ·················195

6.5 一次会议组织复盘 ·················200

6.6 一个培训项目的复盘 ·················202

6.7 复盘的三个"坑" ·················207

第7章 行动学习：整合高效学习的四种方法

7.1 一次标签管理的挑战 ·················213

7.2 打通：四种方法形成学习合力 ·················215

7.3 识别：诊断当前的问题 ·················216

7.4 分析：找到破解问题的思路 ·················218

7.5 学习：通过学习找到解决方案 ·················222

7.6 解题：学以致用解决问题 ·················223

7.7 如何用行动学习的思路解决问题？ ·················224

第8章 知识管理：沉淀学习交付物

8.1 匹配：这是你的知识体系 ·················232

8.2 收集：存储有价值的信息 ·················234

8.3 收纳：搭建知识管理体系 ·················239

8.4 提取：快速找到目标信息 ·················244

8.5 迭代：升级内容和体系 ·················245

8.6 备份：避免信息意外丢失 ·················247

8.7 文件管理流程 ·················247

8.8 印象笔记管理流程 ·· 248

8.9 微信通讯录管理 ··· 251

第9章 利用碎片时间学习

9.1 上班路上如何学习？ ··· 259

9.2 下班后如何学习？ ·· 261

9.3 旅途中如何学习？ ·· 265

9.4 如何通过微信公众号学习？ ····································· 268

参考文献

后记 当你离开一家公司时，你可以带走什么？

第 1 章
绘制你的学习
地图

学习的第一大挑战就是：我为什么要学习？

这似乎是一个没有价值的问题，因为我们可以凭直觉给出一系列答案。例如：为了能力提升，为了成为更好的自己，为了具备更强的竞争力，为了实现人生梦想……这些答案都没有错，但是，你有没有发现，当我们说出这些答案的时候，心里只会出现一团火苗，不久之后这火苗就会熄灭。为什么？因为它们不够具体。你的梦想是什么？对于大多数人来说，连五年后的目标都不清楚，更不要谈梦想了。

所以，本书并不期望给予大家人生选择的答案，我们只探讨一个更加实际的方向：如何让自己在职场上脱颖而出。这个方向与我们的收入、我们的日常紧密相关，也意味着带来的火势更旺、更不易熄灭。

本章我们独辟蹊径，看看企业是怎么看待一位员工是否胜任某个岗位，然后看看自己与企业要求的差距在哪里，继而绘制一张属于自己的学习地图，明确学习的方向。

1.1

职场人如何才能脱颖而出？

假设你是一个部门的负责人，需要挑选一位员工参加总经理座谈会。在这个会上，总经理想了解员工的工作情况和对公司的建议。你有 3 个下属，你将从哪几个维度来筛选出适合的员工？

有的人关注"表达能力"，因为在这么重要的场合，表达不利索肯定容易出丑；有的人关注"业务能力"，因为自身业绩不够硬，很难说出有价值的内容；还有的人关注"忠诚度"，老员工对公司的发展有更深的理解；也有人会关注"个人意愿"，把这个信息发到部门群里，谁报名就让谁去。

每个人的答案，其实都反映出他对职场的理解。在职场上，什么最重要？作为员工，我们很容易从自身角度去理解"核心竞争力"。有的人会强调专业度，因为它是立业之本；有的人会强调资源，因为工作的顺利完成需要整合各方资源优势；也有的人会强调交际能力，比如会喝酒、会察言观色，因为总要求人办事。

这些答案都不能说错，因为它们都是我们人生经历的提炼，也都曾帮助我们获得过认可。不过在本书里，我想提供一个大多数人很难接触到的视角：企业到底是怎么看待人才的？要回答这个问题，我们必须回到一个更核心的问题：人是怎么产生绩效的？我们可以用一个简单的等式来表达：

$$绩效 = 我能够 \times 我想要 \times 机会$$

比如，一个擅长写作的人，他渴望写出一本独立署名的书，那么当一位优秀的编辑向他发出邀约时，他一定会同意，并且努力写出一本好的作品。在这个案例里，"擅长写作"对应的是"我能够"，"渴望写出一本独立署名的书"对应的是"我想要"，"邀约"对应的是"机会"。

对企业来说，它有的是机会，核心就是要判断员工是不是"能够"和"想要"，这就需要有一套评估机制。

全球知名的人力资源咨询公司光辉合益开发了一套 KF4D 模型，如图 1-1 所示。该模型通过四个维度评估员工的"能够"和"想要"，被广泛应用于人才招聘、晋升选拔等场景中。这四个维度分别是能力、经验、特质和动力，它们原始的解释会比较拗口，我用自己的理解说明一下。

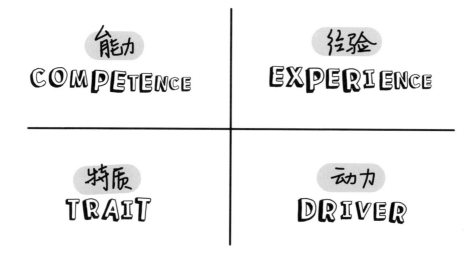

图 1-1 KF4D 模型

维度一：能力（Competence）。即在某个岗位上工作所需的知识和技能。例如，对于客户关系岗位，沟通能力就是必选项；对于销售总监来说，团队管理能力则是必选项。

维度二：经验（Experience）。即与某个岗位相关的业务经验。例如，某个人之前在竞企做销售总监，并且还取得了不错的销售业绩，那么在应聘同行业相关岗位时，便会更"合适"。

维度三：特质（Trait）。即一个人对外部环境与各种信息的反应方式、倾向与特性。比较常见的是性格特质。比如：我们经常听到的外向、内向就是如此。对于一个销售总监来说，外向肯定是更好的，因为经常需要对内对外打交道。

维度四：动力（Driver）。即他为什么想做一件事或不想做一件事。比如，一个人的动力是希望有一个安稳的生活环境，不希望有太多挑战，那么这个人便不太适合销售总监的岗位。

在这个模型里，能力、经验和特质对应的是"能够"，动力对应的是"想要"。有了这个模型，企业便可以针对特定岗位，描绘出对应的"人才需求画像"，继而评估某个人是否合适。回到开头的案例，我们可以怎么来评估一位员工是否适合参加总经理座谈会呢？一张简单的"人才需求画像"就是：

——能力：沟通表达能力合格，能够把事情说清楚；有战略高度，能够站在公司的角度思考问题。

——经验：工作业绩上不错，绩效考核排名靠前；如果之前参加过类似的会议最好，能更快适应环境。

——特质：最好是性格开朗，乐于沟通的人；当然也不要过于大大咧咧，否则会让人觉得不稳重。

——动力：个人有晋升动力，也希望通过这个场合展示自己。

有了标准，部门负责人便可以更全面地评估哪一位下属更适合参加会议。

对于职场人来说，也可以利用这套工具反思：自己与公司的要求存在哪些差距？如何完成自我提升？

接下来，我们逐一打开这四个维度，看看具体应该怎么理解和使用它们。

1.2 能力：行不行看知识和技能

关于能力，先讲一件糗事。多年前的一天，公司同事突然问我："曹将，你觉得自己最大的能力是什么？"我当时脱口而出："学习能力。"然后她马上开玩笑说："那为什么没有考上北大呢？"我不知道怎么回复，只能苦笑。

如果这段对话发生在今天，我一定会义正词严地反驳：能力可以被结果论证，但并不一定说没有结果就没有能力。比如，参加《中国好声音》的梁博，如果没有拿到好声音第一名，他就没有唱歌的能力吗？

能力是胜任某个岗位所需的知识和技能。知识是"我知道什么"，技能是"我能做什么"。比如我们说这个人 PPT 制作能力很强，对应的知识和能力分别是：

知识层面：

一审美：知道什么是漂亮的，什么是有待提升的。

一逻辑：知道什么是金字塔原理，知道什么是结构化表达。

技能层面：

一工具操作：会用 PowerPoint 工具来完成操作，甚至还会一些别人不懂的快捷键，能够更快更好地完成设计工作。

一内容可视化：会将枯燥的文字用图形、图片表示。

一内容结构化：会运用工具将内容以结构化的方式呈现。

那怎么找到自己岗位的能力要求呢？有三个方法。

方法一：公司内获取

部分企业对每个岗位都有一套明确的能力要求，它们是选拔人才、晋升员工的关键标准，这个内容一般会出现在公司的内部文件里，或者可以通过询问人力资源部门的同事得到。

方法二：自己设计

如果在某个岗位上工作多年，那么可以自己去设计一套能力要求。这里面包括三个步骤：第一是确定关键任务；第二是明确完成关键任务的具体行动；第三是明确对应的能力要求。比如，一位房地产销售管理人员要制作一套能力要求，他可以这么操作：

第一步：确定关键任务。有一项关键任务是制订月度销售计划，这个计划对于完成业绩非常重要。

第二步：明确完成关键任务的具体行动。要达成销售月度计划，就必须做好整个城市和区域的市场判断，了解客户需求；同时也要能够基于此做好任务管理，将具体任务拆解到人。

第三步：明确对应的能力要求。理解了任务要求，我们便可以分析出对应的能力：

一市场研判能力：知道行业、城市、区域和客户的变化。

一任务管理能力：能制订出计划，并将计划进行拆解，把控计划完成的关键时间点。

方法三：通过招聘广告提炼

这是最简单好用的方法。我们可以在求职网站上找到其他企业类似岗位的招聘要求，基于它来提炼出岗位对自己的能力要求。

例如你的工作是互联网广告投放，那么就可以看看腾讯对应岗位的招聘要求①。

——本科以上学历，熟悉广告业态，具备 3 年以上商业运营或策划经验。

——熟悉商业运营策略及有效打法，有清晰的市场营销逻辑和思路，有营销全案的策划及落地经验。

——具备较强的跨团队沟通及统筹协调能力，有责任心且有创新精神，能独立判断关键事项并推进问题解决；能够从业务发展角度洞察潜在的商业机会。

——具备深度思考能力、较强的学习能力、出色的抗压能力，有意愿并努力超出预期；具备大中型产品商业化中台工作经验者优先，具备用户运营 / 渠道运营 / 商业生态运营经验者优先。

看完这则招聘广告，我们基本上了解了这个岗位对能力的要求：商业运营能力、跨团队沟通能力、统筹协调能力、深度思考能力、学习能力、抗压能力。

在能力发展上，提两个建议。

第一，一个人不可能具备所有的能力。人无完人，我们经常会看到，一个人可能擅长数据分析，却容易在审美上栽跟头；或者一个擅长写演讲稿的人，却在计算上经常出错。我们并不能要求自己所有能力都达到优秀，这样的人也不存在。

第二，每个岗位对不同能力的要求不同。你看招聘广告的各种描述，会发现 HR 会选择不同的词来形容对能力的要求，有的是"熟悉"，有的是"深度"，有的是"较强"。它们对应了能力的不同状态。

（1）不知道自己不知道。例如很多人不知道有"数据透视表"的存在，自然不可能具备这项能力。

（2）知道自己不知道。知道了"数据透视表"，但因为没有学习和练习，仍然不具备这项能力。

（3）知道自己知道。知道了"数据透视表"，也进行了学习和练习，掌握了这项技能。

_____

① https://careers.tencent.com/jobdesc.html?postId=1405046967423213568。

（4）成为自己的习惯。在面临各种数据分析时，不自觉地会考虑用数据透视表来分析，如此便成了习惯。

用通俗的话来说，它们分别对应了不知、知道、熟悉和精通。

在能力培养上，最重要的其实是从无知到精通：当你连这个门都没有打开，就不要提后面更广阔的世界了；最难的是从熟悉到精通：要让一项能力真正变成自己的底层思维，必然要持续练习。比如我是学统计的，会有一个习惯，即底表不能有合并单元格，否则其他分析（如数据透视）就很难完成，而这是大学四年持续性练习形成的结果。

1.3 经验：过去是未来的论据

经验这个模块包括两方面内容：经历和经验。其中，经历是我们之前做过的事，经验是我们从这些事里提炼出的，并且可以复制的精华。打个比方，经历是沙子，经验就是沙子里的金子。

1.3.1 经历

假设两个跟你关系一样好的人向你借 2 万元应急，你会借给谁？

—A：之前没有找其他人（包括你）借过钱。

—B：三年前找你们共同认识的朋友借过 3 万元，用来给父亲治病，之后即使是在最窘迫的情况下，也把钱还了。

相信大多数人会把钱借给后者。因为行胜于言，我们大多数时候都是通过经历来论证一个人的能力或品行。所以，你要证明自己在某方面行不行，最好就用那方面相关的经历来论证。

经历就是我们之前做过的事。在工作中，我们的经历可以分为两类：一类是纵向经历；另一类是横向经历。

一纵向经历是指在某个专业领域的经历。比如在房地产行业做营销，从一线现场管理做起，然后成为项目策划，之后做到项目负责人，再到营销部门负责人，这就是在专业领域的纵向经历。

一横向经历是指跨专业领域的经历。比如先做房地产营销，两年之后转岗做投资，再过两年又转岗做开发报建工作，每个工作的领域都不同，这就是跨专业的横向经历。

两类经历都很重要，纵向经历可以让你的专业度提升，横向经历可以让你的视野更开阔。但每一个经历要真正产生价值，都必须有时间的加持。我们会发现，很多人工作两年，跳槽四家公司，看起来经历很多，但都没有深耕，结果"什么都懂一点，但什么都不精通"。

无论是纵向经历还是横向经历，一定会有部分叫作"挑战经历"，它是指那些看起来特别难，但同时也可以带来巨大成长的经历，例如：

一策划一个新项目。

一开发一个新产品。

一到一个新公司任职。

一临危受命扭转某项业务的业绩。

一处理公司的公关危机。

一处理某个遗留问题或挑战。

一谈妥某个大型交易。

这些经历非常重要，因为它会带来两方面的能力提升。

第一，心智上突破自我。

挑战性的经历会让人"不得不"离开舒适区，然后在各种"折磨"下完成心智的迭代。在迭代之后，再次遇到比之前的挑战简单的问题时，便会更加自如。比如：你在一个万人场做过一次成功演讲，再到一个 20 人场做同一主题的演讲，大概率不会怯场。所以说，每一次超越个人极限的经历，都是人生的一次进阶。

第二，提升多样化能力。

挑战性的经历之所以有挑战，是因为它很难，会涉及更多不熟悉的领域。

这意味着你必须要去学习、交流、沟通，才能解决问题。比如：我从 0 到 1 做公众号，不得不学习设计、写作、运营等各方面知识，跟其他做自媒体的同人交流，提升自己的能力。

所以在面对挑战时，如果我们把它看成"不得不做的工作"，就会很容易消极应对；而如果我们把它看成"一段难得的经历"，心态上就会主动积极去完成，继而为自己的人生积攒一笔财富。

1.3.2 经验

假设你从成都旅行归来，玩得很开心，你把很多好照片分享到了朋友圈。有朋友看到了，发来微信：可以给个攻略吗？你会如何回复他呢？

你肯定不会完全地复述整个旅程，而是挑选其中的关键要素分享：

（1）行程安排：一共多少天，去了哪些景点。

（2）交通工具：不同景点之间用了哪些交通工具，车票 / 机票怎么购买更方便（或更便宜）。

（3）酒店情况：在哪些酒店入住，如何抢到折扣价。

（4）饭店情况：去了哪些饭店，给出特色菜推荐。

（5）花销情况：整体预算是多少，主要花在了哪些地方。

有了这些内容，朋友便可以参考你的行程，完成一次还不错的旅行。

这就是经验，是经历沉淀出的精华，并且可以复制。

我们为什么要沉淀经验？

第一，它是留给过去的自己的一份总结。很多事情如果我们不将它们沉淀下来，大概率被忘记。这是我们记忆的规律，比如现在要回想工作第二年做过的某个项目，可能只能想起其中一两个印象深刻的点，或者一些零星的片段，但是很难有一个系统全面的认知。这时候如果别人问起你当时是怎么做的，你可能也只会模糊地描述几句。但是如果当初做好了沉淀工作，那么就会有很大的不同，例如你会告诉他：

第一阶段是分析客户需求，问卷调研 100 位客户，形成了客户画像；第二阶段是设计新产品，基于客户画像匹配公司的产品和服务，并重新定价；第三阶段是论证可行性，寻找 10 位客户，调研其对新产品的接受程度，并根据反馈进行调整。

第二，它是留给未来的自己的一件礼物。很多事情我们并非只做一次，那么过去的总结就能帮助我们在未来的工作中更好更快地上手。比如，有的人做完一个项目以后，就把中间涉及的所有表单都固化成模板，并备注写作建议。等到下一次再做时，直接拿来用就可以，并且因为有写作建议，肯定也不容易出错。于是，上一次的成功可以沿袭到下一次。

第三，它能帮助团队更好地发展。例如，我在转岗到培训模块后，需要策划和交付培养项目。在第一次做的时候，这个不会、那个不懂，工作起来很痛苦。在项目结束以后，我赶紧和同事一起把所有的操作流程梳理了一遍，并形成了工作手册。这样，以后再做类似项目，就可以快速上手。

1.4 特质：你的行为趋势可预测

一群人在等电梯，如果仔细观察，你会发现不同人的表现各不相同：

—有的人会耐心等待，不会去挤。如果电梯人满，那就等下一趟。

—有的人则会先进去，然后热情地招呼后面的人："快进来，挤一挤还有地方！"

—人多了电梯发出警报，有的人会数一下人数，发现超过了限制人数，会叫他人出去，或自己主动出去。

—还有的人是径直进入电梯，并迅速按下关门键，俨然一副生人勿进的严肃面孔。

同样的场景，为什么不同的人会表现出不同的行为特征？这背后就是特质的影响。

特质（Trait）表现出来的是一个人对外部环境与各种信息的反应方式、倾向与特性，让我们选择按某些方式行事。**特质会反映一个人在接受某种环**

境刺激时的反应趋势。比如：有的人只要你对他微笑，他一定会还以微笑；而有的人，无论你对他说什么，他也只会冷漠地回复一个"嗯"。如果我们能读懂一个人的特质，那么就能更好地预测他的行为。

市场上有不同的特质测评工具，比如性格色彩理论、MBTI、九型人格、大五人格模型等。这里介绍一个简单易用的工具——"DISC模型"，如图1-2所示。它是由美国心理学家马斯顿博士提出来的一套理论，被广泛应用于职业性格测评。四个英文字母对应了四种基本因子（支配、影响、稳健、谨慎），这四种因子经过组合，构成了世界上丰富多彩又独特的人群。

图1-2　DISC模型

DISC理论认为，普通人存在四种行为风格，我们可以用横轴和纵轴来区分。

——横坐标的两端分别是任务导向和人际导向，也就是当你在做决策时，是先考虑任务的完成，还是人的感受。

——纵坐标的两端分别是直接和间接，也就是做事时是单刀直入，还是委婉被动。

横轴和纵轴将人的行为特征分为四类，即 DISC 对应的四个英文单词。

——D：Dominance，支配型，可以理解为老虎。这种特征明显的人表现为权威导向、目标导向、务实、希望掌控全局和行动派。

——I：Influence，影响型，可以理解为孔雀。这种特征明显的人表现为幽默、有创意、朋友很多、喜欢各种饰物、善于分享、同理心强、热情和喜欢推荐好物。

——S：Steadiness，稳健型，可以理解为考拉。这种特征明显的人表现为友善、避免矛盾、乐于助人、面对压力默默忍受、不愿意突出（穿着尽量低调）和不愿意开会。

——C：Compliance，谨慎型，可以理解为猫头鹰。这种特征明显的人表现为按程序办事、形象整洁简单、追求专业、追求完美、对自己和他人要求都高，喜欢用数据说话。

以登山为例。D 型特质突出的人目标明确，径直向山顶攀登，力争第一；I 型特质突出的人则一路上给大家活跃气氛，消除大家的疲惫，而他不一定要力争第一；S 型特质突出的人一路上帮助那些爬山困难的人，帮忙拿行李、搀扶体力不好的人，自己并不在意是否登顶；C 型特质突出的人则注重安全，登山前就研究好天气情况，确定哪条路更安全，登山的时候会认真研究地形，提前发现危险。

了解了四种行为特征，我们再来看前文提到的不同人等电梯的行为，就可以判断不同的行为是哪种性格特质影响的结果。

——有的人会耐心等待，不会去挤。如果电梯人满，那就等下一趟。（S：Steadiness，稳健型）

——有的人则会先进去，然后热情地招呼后面的人："快进来，挤一挤还有地方！"（I：Influence，影响型）

——人多了电梯发出警报，有的人会数一下人数，发现超过了限制人数，会叫他人出去，或自己出去。（C：Compliance，谨慎型）

——还有的人是径直进入电梯，并迅速按下关门键，俨然一副生人勿进的

严肃面孔。（D：Dominance，支配型）

关于性格特质，有三点要特别强调。

第一，它不是优点，也不是缺点，只是你的特点。不能说哪一个一定更好，只能说适合或者不适合。比如：I（影响型）特质突出的人，在销售岗位上会更加如鱼得水，而在后台类岗位上则容易水土不服。

第二，它会随时间和环境变化而改变。比如，一个 I（影响型）特质突出的人，在保密类岗位上工作了 10 年，受到工作内容的影响，有可能会转变为 C（谨慎型）特质突出的人。又比如，一个人在家里 D（支配型）特质突出，但在公司则可能更多地表现出 S（稳健型）特质。

第三，每个人有可能不只在一项上表现突出。比如我自己，D（支配型）和 C（谨慎型）特质都比较突出，表现出来的行为特征就是：做事情一定要在截止日期前达成，而且必须尽善尽美。

了解了 DISC，我们可以分析自己在哪个或哪几个特质上表现突出，进而与岗位或公司进行匹配。DISC 特质与职场特征如表 1-1 所示。

表 1-1　DISC 特质与职场特征

DISC 特质	职 场 特 征
D（支配型）	1. 没有兴趣从事一成不变的工作 2. 没有耐心遵循僵硬的管道升迁 3. 乐于挑战 4. 追逐更大的权力、更高的位置 5. 不怕压力，期待工作像战场一样充满挑战 6. 不喜欢当幕僚，希望可以掌控全局
I（影响型）	1. 希望有舞台，能得到掌声 2. 能与人互动接触 3. 工作气氛愉快 4. 不喜欢官僚作风 5. 工作环境允许一些天马行空的想法
S（稳健型）	1. 能稳定执行工作 2. 能高度支持团队工作 3. 尽心尽力，一步步达成组织的目标 4. 不喜欢管理他人，不喜欢压力，也不愿意向他人施压 5. 作风保守、被动 6. 能长时间做一成不变的工作

续表

DISC 特质	职 场 特 征
C（谨慎型）	1. 追求高品质、追求完美、不断改善 2. 重视规划、顺序、流程与制度 3. 喜欢谨慎思考后才做出行动 4. 擅于修正他人的论点 5. 注重事实的正确性及数据的完整性 6. 可以独立工作，比如在家办公、在实验室工作

1.5

动力：找到心中的火焰

朋友的一位下属有段时间状态很差，工作没热情。他是一位资深员工，对工作很熟悉，职业面临"天花板"，动力不足。朋友作为他的上司，想要激励，但又不想"画大饼"。于是，朋友换了沟通策略：如果事情做不好，其他同事会受到连累，影响整个部门的绩效。对话结束，该下属的状态马上发生变化，做事不再拖延，工作按时完成。后来朋友总结说，下属虽然说对自己的工作感觉无所谓，但他有一个非常强的驱动力，那就是与人和善相处，不喜欢跟别人闹矛盾。所以，当意识到自己如果不努力工作，会影响到同事的绩效时，便会产生担忧，继而重整旗鼓。

动力，简单来说就是影响人们去做某事的力量源泉。比如，有的人希望取得成就，那么他就会设定有挑战性的目标，并尽最大努力去实现它；有的人希望和别人友好相处，那么他就会主动打招呼，甚至会记住他人的生日，给对方买礼物。

有两类动力最常见，其一是需求，其二是价值观。

1.5.1　需求

需求来自于一个缺口，即没有被满足的需要。比如，某人喜欢吃火锅，但因为生病不能吃辛辣食物，那么火锅便是他的需求。"马斯洛需求层次理论"为我们展示了五类需求。

（1）生理需求。这是我们维持生存的最基本需求，包括衣、食、住、行等。如果这些需求得不到满足，生存就成了问题。

（2）安全需求。这是我们保障自身安全、避免财产损失的需求。

（3）归属需求。一是对友爱的需求，即和他人的关系融洽；二是对爱情的需求，希望爱别人，也渴望得到别人的爱；三是归属的需求，希望成为群体中的一员，并相互关心和相互照顾。

（4）尊重需求。希望自己有稳定的社会地位，以及个人的能力和成就得到社会承认。

（5）自我实现需求。这是最高层次的需求，它是指实现个人理想、抱负，发挥个人能力到最大程度，完成与自己的能力相称的一切事情的需求。

只有把握住真正关心什么，动力来源是什么，我们才能够激发他人或自己。开头的例子里，那位下属的"自我实现需求"并不强，这时候用"升职加薪"就很难驱动他；但是他对于"归属需求"看得很重，用"同事会受到连累"来影响他，效果就立竿见影。

1.5.2　价值观

价值观的核心，就是回答一个问题：我该不该做这件事。比如，有的人无论是给领导写讲话稿，还是日常写会议纪要，一定都会检查到万无一失才会递交；但也有的人觉得会议纪要没那么重要，"差不多就行了"。前者认为"所有的出品都应尽善尽美"，后者认为"做事应该有效率"。这两个行动背后的差异，就是价值观的差异，即"我该不该做这件事"。

企业看重的是价值观是否匹配。有一家创业公司奉行的价值观是"奋斗"，于是它们会选择在中午约候选人来面试。如果这位候选人的价值观是"差不多就行"，那么有可能会选择放弃。通过这个设计，这家创业公司完成了价值观匹配的初步筛选。

企业为什么这么在意价值观？一方面是希望整个公司的人气味相投；另一方面则是期待价值观能引导员工的行为。比如：有家酒店的员工奉行"客户导向"的价值观，当一位维修人员遇到客户的需求——"房间的瓶装水不够"时，他也会主动送来瓶装水。这就是价值观的作用。

如果你想知道自己公司的价值观是什么，这里有两个途径：第一是问HR；第二是去企业官网查询。比如，腾讯官网就直接写清楚了它们的价值观 [2]。

— 正直：坚守底线，以德为先，坦诚公正不唯上

— 进取：无功便是过，勇于突破有担当

— 协作：开放协同，持续进化

— 创造：超越创新，探索未来

一般来说，当一个人在一家公司工作两三年之后，公司的价值观会不自觉渗透到员工身上。这就类似于大学的校训，表面上看只是口号，但通过老师的言传身教、学长学姐们的身体力行，以及自己不自觉地去践行，校训会变成我们自己的模样。于是你会发现，校友身上总有一种熟悉的味道。

1.6 制作自己的岗位画像

大家对能力、经验、特质、动力有了一定的了解，便可以描绘出岗位对我们的要求。具体包括以下两步。

（1）搜集招聘广告。

（2）提炼对能力、经验、特质、动力的要求。

---

② https://www.tencent.com/zh-cn/about.html#about-con-1。

我以自己的岗位为例，说明一下这个过程。

第一步：搜集招聘广告。我当前的岗位是培训负责人，所以我会选择去猎聘网上寻找针对培训总监的招聘广告。要找多份这样的广告，因为每家公司的关注点不同，通过综合多家的要求，可以更全面地描述这个岗位。例如，某公司在初创期，会更关注培训体系搭建；另外一家公司在发展期，会更关注课程开发。所以有必要综合各种信息。

第二步，提炼里面对于能力、经验、特质、动力的要求。通过查看多个岗位的广告，我得到了它们在四个维度的关键指标与描述。如表 1-2 所示。

表 1-2　培训总监岗位画像

维度	序号	指　标	描　述
能力	1	培训计划管理能力	制订公司年度人力资源培训规划和预算，监控培训过程，评估培训效果，组织培训考核
	2	课程开发能力	协同业务专家开发核心业务课程，推动业务知识沉淀与复制；能独立开发并讲授三门以上课程
	3	培训体系搭建能力	搭建核心业务培训体系与梯队培训体系
	4	培训项目运营能力	牵头设计并落地培训发展项目，高效推动培训运营
	5	师资管理能力	拓展培训渠道和资源，评估外部培训机构及师资；内部培训师团队建设，为内部培训师提供咨询和指导，管理日常工作
	6	培训资源整合能力	统筹内外部培训资源（非师资）的整合
	7	知识管理能力	能做好公司内部知识管理，运营好在线学习平台
	8	向上管理能力	具有良好的与高管沟通能力
	9	文字表达能力	文笔较好，能完成各类宣传稿、领导讲话稿
	10	办公软件能力	能熟练使用 PPT 制作课件
经验	1	学历经验	大学本科及以上学历
	2	工作经验	3 年及以上培训工作经验，有国内知名企业大学、培训中心或课程开发机构经验为佳
	3	项目经验	负责完成过中高管领导力培养项目
特质	1	做事务实	做事讲究实际，关注工作效果
	2	亲和力强	擅长建立融洽的关系，别人容易接近和交谈
	3	执行力强	按质、按量、按时完成自己的工作

续表

维度	序号	指标	描述
动力	1	对工作质量要求高	对出品质量有要求，精益求精
	2	具备良好的职业操守	不做有损公司利益的行为，如弄虚作假、泄露机密
	3	对培训工作有激情	能从他人成长中找到自我实现价值

到目前为止，我们通过能力、经验、特质和动力四个维度，绘制了岗位画像，了解了岗位对我们的需求。接下来，我们可以将岗位的需求和自己的实际情况进行对比，找到差距，然后设计学习地图来弥补差距。

1.7 评估自己与岗位需求的差距

在寻找差距时，我们重点关注能力差距和经验差距，因为这两项是可以通过学习来弥补的。至于特质和动力，我们重点看是否匹配，因为短期内要改变存在难度。

1. 能力差距

我们可以将能力拆分为两个模块：专业能力和通用能力。专业能力是指某个领域的专业知识和技能，离开这个领域，专业能力可能就没用了。比如：前文提到的"培训体系搭建能力"在培训领域会很有用，但如果换成财务资金岗，就没那么有用了。通用能力是指在各个领域都受用的知识和技能，比如"文字表达能力"，无论是培训、财务，还是销售，都可以用到。

区分两类能力的好处是，我们能更好地找到自己的学习节奏。专业能力需要集中精力各个突破，对深度的要求更高。例如"培训体系搭建能力"，要提升它，就需要集中在一个阶段学习各家企业的培训体系，并在实践中运用，整理出相应的方法。而通用能力一般需要花时间持续精进，对积累的要求更高。举个例子，要提升"文字表达能力"，就不只要学习相关的知识，还要在日常工作中做好积累。我有一个笔记本，专门积累日常看到的好词好句，写作时便能快速调用里面的表达。

如何找到自己的能力差距？可以问自己两个问题。

问题一：我有没有掌握相关的知识和技能？

如果是专业能力，岗位画像大概率都会很清晰，我们一般只需要比照着具体要求，看自己是否会做这些工作即可。例如，"培训计划管理能力"就明确给出了岗位要求：制订公司年度人力资源培训规划和预算，并具体实施培训工作；制订培训计划并组织实施，监控培训过程，评估培训效果，组织培训考核。我们一条条比对，便能发现自己会哪些，不会哪些。

那如果是通用能力呢？比如"向上沟通能力"，应该如何判断？这里有一个绝招：到豆瓣读书（book.douban.com）上搜索这个能力，大概率可以看到与之相关的图书，我们找到排名靠前的几本，阅读目录，就能了解这项能力对应哪些具体行为。

（1）理解上司的性格。

（2）理解上司对自己的期望。

（3）懂得处理与领导的冲突。

（4）懂得如何向领导汇报工作。

这样便能大概知道能力包括哪些内容，继而可以判断自己是否掌握这项能力。

第二，我有没有相关经历来证明这个能力？

一段与某个能力相关的成功经历是你具备这个能力的最好证明。例如一个人在"向上管理"方面有过这样的经历，那么可以说明他的这个能力还不错：

曾经策划过一个项目，领导刚开始不同意，但是自己做了三件事，最终得到了同意，并且取得不错的成果。

如果你没有论据，只能说你可能可以；而有了论据，那么你就是真的可以。

如何评估能力差距呢？

推荐一个简单的评估方法。

（1）没有相关成功经历，也不具备这方面的知识和技能：差。

（2）没有相关成功经历，但了解这方面的知识和技能：中。

（3）有相关成功经历，也了解这方面的知识和技能：好。

之所有推荐这个简单的方法，是因为我们的目的不是精确地计算自己的差距有 10 分还是 50 分，而是知道哪方面存在不足，继而找到提升路径。

2. 经验差距

经验差距其实是最容易衡量的差距：有就是有，没有就是没有。比如"负责完成过中高管领导力培养项目"的经验我确实有，那么就没有差距。但如果岗位画像里有"在专业培训机构里任职"的要求，那么自己就不符合。

3. 特质和动力

特质和动力的核心不在于找差距，而在于看适配情况。比如，让一个很活泼的人每天做案头工作，那他很容易郁闷。再比如，让一个崇尚狼性的人每天做清闲的工作，那他大概率也待不久。所以，如果你发现自己的特质和动力跟岗位要求出现了很大的偏差，那么这时候要做的不是看自己能否改变，而是看是否应该调整赛道。

1.8

四种方法弥补自己的差距

如何弥补差距？答案就是学习。学习有四种方法，分别是阅读、听课、偷师和实践。

（1）阅读，是指用语言文字获取信息的过程。例如，通过阅读图书、杂志、研究报告、论文、公众号文章等，了解某个领域的知识。其中读书是最重要的方式，它能帮助你对某个领域建立系统的认知体系。

（2）听课，是指作为学生通过参与教学活动获取信息的过程。它既包括传统的线下课程，也包括现在丰富的线上培训，例如直播培训、视频课程等。听课也是系统性建立认知体系的一种方式，其效率更高，因为老师会对内容进行加工，让你更容易吸收。

（3）偷师，是指在工作和生活中学习他人的本领。可以是当面偷师，比如观察他人的演讲，学习对方用到的技巧；也可以通过其他渠道偷师，比如拿到他人的演讲稿，研究对方如何组织内容。偷师最大的好处是"实用"，因为我们都是在具体场景中学习，所以学到的内容可以快速适配采用。

（4）实践，是指通过具体工作来锻炼特定的能力。其核心是在经历后向自己学习。比如，你想转岗做自媒体工作，最好的方法就是现在去注册一个账号，然后开始写作，在具体尝试中发现某些文章阅读量高，另一些文章阅读量低，然后复盘背后的原因，继而收获相关的经验。实践是效果最好的学习策略，因为只有真正去经历，才会知道在真实场景中应该怎么解决问题。

举个例子，要提升"培训计划管理能力"，那么对应的学习策略便是：

（1）阅读：进行"计划管理"主题阅读（即阅读与"计划管理"相关的多本图书）。

（2）听课：听"计划管理"课程。

（3）偷师：学习其他公司的培训计划方案。

（4）实践：完成公司的培训方案，并在一年后复盘实施情况，形成适用于自己的一套计划方案。

这四个方法也是本书的核心，在后续内容里，我们将对每一种方法进行详细讲解。

到这一步以后，我们会发现很多能力都要培养，但时间有限，在特定的时间段里，应该聚焦某几个能力。那如何评价优先级？我有两个建议：

（1）短板能力优先培养。毕竟我们的目标是更好地胜任某个岗位，那么评估为"差"的或"中"的能力可以优先培养。

（2）一段时间优先培养三个以内的能力。千万不要齐头并进，因为你的时间有限，一旦时间被过度分散，容易失焦，导致学习效果打折扣。

学习地图是指以能力发展路径和职业规划为主轴而设计的一系列学习活动，是员工在企业内学习发展路径的直接体现。比如，一位新员工进入职场，先要学习企业文化、职场礼仪、时间管理等内容，加速角色转变；当工作稳定后，还要继续学习项目管理、专业知识，成为优秀的个人贡献者；成长为管理者后，还要学习领导力知识，这样才能更好地"带兵打仗"；如果成为高管，则要学习战略思维，能看懂方向、做好决策。这就是一幅简单的学习地图，它让人才发展更为体系化。

可惜的是，很多公司并没有为员工绘制清晰的学习地图。对职场人来说，成长不能靠他人，"铁饭碗"指的不是工作有多好，而是自己在哪都能找到好工作。

有了以上认知，我们便可以建立自己当前阶段的学习地图。

第一步：绘制岗位画像。搜集招聘广告，提炼其中对能力、经验、特质、动力的要求。

第二步：评估差距。评估自己的现状与岗位画像之间的差距，然后打分（好中差）。

第三步：制定学习策略。通过阅读、听课、偷师和实践弥补差距。

第四步：评估优先级。评估哪一项能力应该优先培养，并在之后重点发力。

表 1-3 便是我的学习地图。

表 1-3　我的学习地图

维度	序号	指标	描　　述	评估差距	学 习 策 略	优先级
能力						
专业能力	1	培训计划管理能力	制订公司年度人力资源培训规划和预算，监控培训过程，评估培训效果，组织培训考核	好	1.阅读：进行"计划管理"主题阅读。 2.听课：听"计划管理"课程。 3.偷师：学习其他公司培训计划方案。 4.实践：完成公司培训方案，并在一年后复盘实施情况，形成适合自己的一套计划方案	
	2	课程开发能力	协同业务专家开发核心业务课程，推动业务知识沉淀与复制	好	1.阅读：进行"经验萃取"主题阅读。 2.听课：听 TTT（Training the Trainer toTrain，职业培训师）相关课程。 3.实践：推动一次课程开发大赛，并独自开发一门课程	
	3	培训体系搭建能力	搭建核心业务培训体系与梯队培训体系	中	1.阅读：进行"学习地图"主题阅读。 2.听课：听"学习地图"课程。 3.偷师：学习其他公司培训体系搭建方案。 4.实践：完成至少一条专业线培训体系搭建	优先
	4	培训项目运营能力	牵头设计并落地培训发展项目，高效推动培训运营	好	1.阅读：进行"项目管理"主题阅读。 2.听课：听"项目管理"课程。 3.偷师：学习其他公司培训项目经验。 4.实践：完成至少一次培训项目设计与交付，并且复盘为一套标准流程	

续表

维度	序号	指标	描　述	评估差距	学 习 策 略	优先级
专业能力	5	师资管理能力	拓展培训渠道和资源，评估外部培训机构及师资；内部培训师团队建设，为内部培训师提供咨询和指导，管理日常工作	差	1. 偷师：整理其他公司讲师管理方法。 2. 实践：完成讲师管理制度，开展讲师赋能培训	优先
	6	培训资源整合能力	统筹内外部培训资源（非师资）的整合	中	1. 偷师：了解其他公司资源整合方法。 2. 实践：梳理内部资源整合内容，对接每一类合作方，搭建入库和出库标准	优先
	7	知识管理能力	做好公司内部知识管理，运营好在线学习平台	好	1. 阅读：进行"知识管理""产品经理"主题阅读。 2. 听课：听"知识管理""产品经理"课程。 3. 偷师：学习其他企业在线学习平台运营策略。 4. 实践：运营本公司在线学习平台，并完成运营管理制度	
通用能力	8	向上管理能力	具有良好的与高管沟通的能力	好	1. 阅读：进行"向上管理"主题阅读。 2. 听课：听"向上管理"课程。 3. 偷师：学习其他人在高管处的汇报方法。 4. 实践：每次汇报结束后复盘沟通策略	
	9	文字表达能力	文笔较好，能完成各类宣传稿、领导讲话稿	好	偷师：整理各家公司的培训宣传稿、领导讲话稿，形成素材库	
	10	办公软件能力	能熟练使用PPT制作课件	好	偷师：整理不同场景下的PPT模板、图片素材、图表素材	

续表

维度	序号	指标	描述	评估差距	学习策略	优先级
经验	1	学历经验	大学本科及以上学历	√		
	2	工作经验	3年及以上的培训工作经验，有国内知名企业大学、培训中心或课程开发机构经验为佳	√		
	3	项目经验	负责完成过中高管领导力培养项目	√		
特质	1	做事务实	做事讲究实际，关注工作的效果	√		
	2	亲和力强	擅长建立融洽的关系，别人容易接近和交谈	√		
	3	执行力强	按质、按量、按时完成自己的工作	√		
动力	1	对工作质量的要求高	对出品质量有要求，精益求精	√		
	2	具备良好的职业操守	不做有损公司利益的事情，如弄虚作假、泄露机密	√		
	3	对培训工作有激情	能从他人成长中找到自我实现的价值	√		

1.11
规划自己和他人的职业发展

本章我们重点讨论的是基于现在的岗位要求，通过学习弥补职场中的能力短板。但其实，学习地图的用法还有很多，包括为自己做职业规划和为下属做绩效反馈。

1. 为自己做职业规划

假如你是一名职场新人，你可以为自己绘制一张学习地图。有了它以后，你对待工作便会更主动。领导布置的工作不只是任务，也是自我提升的路径。比如，领导布置给你一份很难的工作，其他人会说："这不就是剥削吗？"但你知道这是个机会，可以帮你提升项目管理能力，于是你工作起来便更有目标感和掌控力。

2. 为下属做绩效反馈

假如你是一位领导，每隔一段时间要给下属做绩效反馈。你一方面要对他过去的工作进行反馈，另一方面也要给他未来的发展提出建议。很多时候，领导对于下属应该怎么成长，只能给出"多看书""多历练"一类的建议。但是，如果有一张学习地图，那么就能清晰地知道你的下属哪些地方需要提升，继而给出明确的发展建议。

例如在给助理泽涛做绩效反馈时，我就为他绘制了一张简版学习地图（只有能力部分），然后引导他审视自己接下来应该如何进行自我提升。

表1-4　助理的学习地图

维度	序号	指标	描　述	评估差距	学　习　策　略	优先级
能力						
专业能力	1	公众号排版能力	能根据不同主题内容设计不同排版样式	好	1. 阅读：《写给大家看的设计书》。 2. 偷师：分析10个头部公众号的版式设计，形成一份分析报告。 3. 实践：设计三类主题版式，包括日常文章、活动文章、合辑文章	
	2	公众号写作能力	①能起一个能提升点击量的标题； ②能写有理有据的干货文； ③能写带来思考的职场故事文； ④能写多篇文章的整合性文章，如"年度精品文章汇总"	中	1. 阅读：进行"经验萃取"主题阅读。 2. 听课：听TTT（Training the Trainer to Train，职业培训师）相关课程。 3. 实践：推动一次课程开发大赛，并独自开发一门课程	优先
	3	数据运营能力	①能分析用户数据，洞察用户特点，给出选题建议； ②能分析文章数据，洞察内容优劣势，给出写作建议	中	1. 阅读：《谁说菜鸟不会数据分析》《人人都是产品经理》。 2. 实践：分析公众号数据，给出5个选题方向，找到5个写作痛点	优先
	4	用户运营能力	①能及时回复用户提问。 ②能策划用户增长活动	好	1. 阅读：《行为设计学：打造峰值体验》。 2. 偷师：分析其他公众号的活动，给出5个线上线下活动方案。 3. 实践：策划一起公众号活动	

续表

维度	序号	指标	描 述	评估差距	学 习 策 略	优先级
通用能力	5	结构化思维能力	能快速整理信息，并结构化呈现信息	中	1. 阅读：《金字塔原理》。2. 听课：《有效训练你的结构化思维》。3. 偷师：学习麦肯锡的研究报告。4. 实践：完成《年度精品文章汇总》	优先
	6	沟通能力	能倾听读者的声音，反馈读者的需求，让读者感受到关怀和价值	高	1. 阅读：《关键对话》《沟通的方法》。2. 实践：形成一份公众号读者沟通清单	

总 结

本章讨论了一个问题：如何找到自己的学习方向？为了解决这个问题，我们分为两个模块展开：

第一，站在企业的角度，从能力、经验、特质和动力四个角度，绘制岗位画像。

第二，站在自己的角度，基于岗位画像，找到与企业需求之间的差距，继而制定学习策略（阅读、听课、偷师和实践），完成个人学习地图的绘制。

希望大家看完本章内容后，也能绘制一张个人的学习地图，找到学习的方向。

本章的总结图如图 1-3 所示。

绘制你的学习地图

维度	指标	描述	评估差距	学习策略	优先级
能力 COMPETENCE 知识 技能 1 职位设计 2 看招聘网站	专业能力 通用能力		□好 □中 □差	□阅读 □听课 □偷师 □实践	□优先
经验 EXPERIENCE 经历 经验 1 横向 2 纵向 挑战			□✓ □✗	＼	＼
特质 TRAIT D I C S			□✓ □✗	＼	＼
动力 DRIVER 需求 价值观			□✓ □✗	＼	＼

图 1-3　绘制你的学习地图

第 2 章

准备：学习前
做好三件事

一听完一场励志演讲，激动得热泪盈眶，下决心第二天就要摆脱"咸鱼"状态，积极迎接挑战，结果一觉醒来，一切如旧。

一做完一次年终总结，发现过去一年碌碌无为，于是写下计划，却在春节后忘得一干二净。

一接手一份新的任务，很多知识和技能都不懂，于是下单买了 5 本书，决定搞懂弄清，一个月后书上落了灰，没有翻开看一页。

这样的故事总在我们身上上演，一鼓作气，再而衰，三而竭。最后，我们找了一些理由让自己心里好受些：工作太忙、拖延症、太难了……但事实真的如此吗？

如果我们总结这些场景，会发现它们都有一个共同点：靠情绪推动。事实上，一件事要成功，就必须要靠策划推动，而不是靠情绪推动。

■　心态上，相信可以通过个人努力达成目标。

■　状态上，通过一系列步骤创造学习的心流。

■　行动上，通过各种方法来培养学习的习惯。

心态、状态和行动，都属于学习前的准备工作。本章我们将围绕这三个方面展开，帮助大家更好地策划一次学习的旅程。

心态篇：改变受害者心态

2.1.1 受害者心态：自我感动的黑洞

我大学本科主修统计学。有一天上课时，老师出了一道题，问谁愿意在黑板上解答。当时全场一片寂静，我在草稿纸上快速计算，还真找到了答案。但是，大家都没有动作，自己也不好意思举手。正在犹豫，一位同学举了手，在黑板上给出了解答，跟我在草稿纸上算的一样。老师很开心，然后说出了让所有人震惊的奖励：期末考试该同学的"平时分"加 5 分。

刚开始我的心情可以用"捶胸顿足"来形容，但是转念一想：这人就爱出风头，只要能展示自己的场合就不会错过，我们的机会总是被这样的人抢走。心态的改变带来的是情绪的转变，遗憾也自然变成了仇视。我是一个受害者，而他，抢走了我的机会。

工作之后我曾组织过一次培训，当时老师让所有人写下最近的烦心事。十分钟后，白板上密密麻麻写的都是抱怨：

（1）跟领导汇报的时候，领导不认真听，总是叫我"快点快点"。

（2）领导总是给我布置一些不用动脑的基础性工作。

（3）同事不行，只会挖"坑"让我来跳。

（4）需要其他部门的同事协作，但他们总是推三阻四，项目很难推动。

（5）跟下属说了很多，但是他完全没有听进去，做出来的跟计划的完全不符。

（6）合作的广告公司设计的内容要么太丑，要么跟目标不符，心累。

这些烦心事和读书时的经历都有一个共同点：我之所以遇到问题，都是别人的错，而自己则是糟糕环境的受害者。

这就是典型的受害者心态：只要遇到问题或挫折，那就是被不公平对待，继而自怨自艾。这种心态其实是自我保护的一种手段，因为一旦将原因归于外部环境，那么自己就不必承担挫败带来的心理负担。比如：和团队成员一起做项目，项目失败了，原因在于市场不行、公司资源支持不够，这样想心里自然会好受一些。但是，这种心态持续下去，自己将会变得越来越糟糕。

第一，你会习惯于逃避问题，而非解决问题。当一个人处于"受害者心态"下，他会自动进入无助或被动状态，看不到自己的主观能动性。问题将持续成为问题，自己则难以走出困境。很多人说"失败是成功之母"，但其实，对失败的复盘才是成功之母。如果一直失败，只会害怕失败。

第二，你会变得孤僻，失去更多朋友。一方面，当你永远觉得别人要害你时，你自然会警惕起来，与人保持距离。另一方面，大多数人不愿意跟每天自怨自艾的人深交，毕竟和负能量的人交往，只会让自己也跟着阴郁起来。

那有没有什么方法帮我们走出受害者心态呢？

2.1.2　参与者心态：主导人生的方向

在大学的前两年，因为抱着受害者心态，我与很多机会失之交臂。比如，演讲比赛来了，我没有参加，而其他同学报名并获奖，在年度综合考评中加分，获得了奖学金。我会觉得是因为活动宣传得不好，当时如果说明有加分，那么自己就一定会报名。类似的事情还有，期末考试前自习室没占到位置，是因为其他人太"狡猾"了，提前一晚占座。总之，我很惨，都是别人的错。

直到有一天和一位学长吃饭，我的心态才发生改变。当时我把自己的这些苦恼倾诉出来，他一针见血地指出了我的问题：

—你没有举手回答问题，是因为你怕出错丢脸。

—你没有报名参加演讲比赛，是因为你自己没有关注他们的宣传材料。

—你没有占到座位，是因为你没有重视这件事。

最后他说：要解决问题，就必须让自己成为问题的一部分。

这句话点醒了我。在之后的时间里，每当我遇到挫折时，怨天尤人的情绪仍然会出现，但与此同时，我也会问自己：因为你做了什么，才导致事情的发生？现在可以做什么？以后又可以做怎样的改变？

这就是参与者心态：面对问题和挫折时，我可以做什么去改变。

工作以后，有一次去杭州调研一家民营医院。不巧，那天医院刚好临时有事停诊，没有营业。当时我的第一反应是：真倒霉！这时候，受害者心态出现了。接下来，我赶紧转变自己的思考路径：

（1）为什么会发生这件事？因为我没有提前打电话。我以为医院就应该天天都正常营业。

（2）现在可以做什么？必须得得到这家医院的基础数据，否则今天就白跑了。

于是接下来我做了两件事：第一，我看到有保洁阿姨在门外打扫卫生，就上去询问，医院每天大概来多少人，每天床位大概有多少是满的；第二，在楼下刚好遇到下暴雨，在等雨停的时候主动跟保安聊，核实数据。通过这样的访谈，我预估了医院的日均到访人数，也根据行业经验数据测算了日均营业额。这样，虽然结果不完美，但是至少达到了 80 分，比无功而返好很多。

2.1.3 学习的心态：从受害者心态到参与者心态

知道了参与者心态的好处以后，想必你会好奇：我也想完成这个转变，但是总会不自觉进入受害者心态，我应该怎么办呢？建议大家问自己三个问题。

问题一：我在这件事的处理上，可以得几分？（总分 10 分）

既然没有取得好的成果，自己的因素一定不能忽略，所以肯定不可能是 10 分。这个问题的核心就是将"归因于外"转变为"自我审视"，用一个具体的问题来审视自己，我们的心态就会有所调整。

问题二：如果重来，我可以做什么改善这件事？

有了审视自我的视角后，接下来我们就需要主动去分析面临的问题，表达方法就是：我可以做什么，（来达成 ×× 目标）。例如前文提到的 6 个抱怨，可以变成如下表述：

（1）我可以做什么，让领导更认真听我的内容？

（2）我可以做什么，让领导看到我的优点？

（3）我可以做什么，发现那些隐藏的"坑"？

（4）我可以做什么，影响同事，让他们愿意配合我？

（5）我可以做什么，让下属真正理解我的要求？

（6）我可以做什么，让广告公司知道我们的需求？

问题三：这些动作对应的知识和技能是什么？

知道了问题所在，我们就能将问题转化为"学习的方向"。毕竟职场上大多数的学习目标，都是基于场景和问题。例如前文中，（1）和（2）是"向上管理"；（3）和（4）是"同级沟通"；（5）是"向下管理"；（6）是"对外协作"。

于是，问题被解码为学习方向，而有了方向，我们就能通过各种方法走向终点。

总之，要解决问题，就必须让自己成为问题的一部分，如图 2-1 所示。

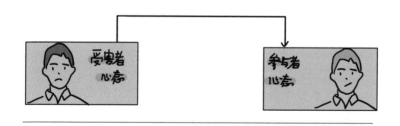

图 2-1　学习的心态

状态篇：进入学习的心流

2.2.1 为什么效率这么低？

"感觉还不如回去上班"，这是疫情期间很多人的感受。2020 年的疫情对大多数职场人都是一场挑战，大家不得不居家办公，我也不例外。居家办公带来的最大挑战是：完全无法集中注意力。比如：当你开始写一份策划时，突然家人端来一份水果；当你写到一半时，手机推送来一条新闻，反正身边没有人，就打开看看，一不小心，就看了半个小时；当你写到末尾时，突然想起来还没有洗漱，感觉不太舒服，于是又去洗脸刷牙。一天下来，感觉自己很累，但效率却极其低下。

按理说，居家办公的绝对时间更长，毕竟少了通勤时间，一天都在家里，但结果却不尽如人意。这是为什么？答案就在下面这个公式上：

工作效果 = 工作时间 × 工作效率

背后的原因就是效率太低。那为什么效率低呢？因为我们没有进入心流状态。心流是一个心理学名词，它指的是我们在专注进行某行为时所表现的心理状态，一般来说，心流产生时会有高度的兴奋及充实感。用一个成语解释，那就是：全神贯注。

影响我们进入心流的原因有很多，其中最大的挑战就是被打断。比如有的人是这么做 PPT 的：某一页写好了文字，觉得应该配个图，于是开始在网上浏览，发现了很多有趣的图片；点击后进入一个网站，发现里面的新闻也挺有意思的，于是又看起了新闻……10 分钟过去了，才突然意识到自己需要配图，赶紧又去查找图片。

但如果我们换个流程，结果就会好很多：第一轮只写文字，之后再集中精力找配图。这样每一块的工作都更加集中，注意力也自然更聚焦。所以，通过一些简单的设计，我们便能更有效率地完成工作。

接下来，我们来看看"进入心流六步法"，帮助大家更有效率地进入学习状态。

2.2.2 进入心流六步法

第一步，进入学习角色。

环境会改变人的状态。比如读书时，我们更愿意去图书馆学习，而非在寝室。为什么？因为图书馆比较安静，整体布局井然有序，周围人也在学习，这样你会更容易进入学习者的角色。一旦我们认可了自己的角色，便会用这样的身份来要求自己：该好好学习了。反之在寝室，座位上就是电脑，旁边的室友在玩游戏，偶尔还会有串门儿的朋友过来聊上两句，所有这一切都在告诉你：现在你不是一个学习者。

我们在培训项目的设计上，也会用到类似的方法。在集中培训前一天，会给学员发培训服和学员证，并通过一系列破冰游戏、班级建设，让大家进入学习状态中，完成角色转变。这一切动作都是为了完成一项使命：让他们意识到现在是学生（而非职场员工），如此他们能够更快地适应接下来的学习。

所以，要进入学习的心流，第一步就是把自己变成"学生"。工作后我们大多数人学习的场所是家，针对在家学习的角色转换，送给大家三个"锦囊"。

一是改变场地。如果可以，尽量不要在卧室里学习，可以选择客厅或者书房（如果有的话）。如果是租的小单间，也尽量安装一个小的办公桌，总之要避免在床上学习。家里不同房间带来的角色认知不同，在卧室（或床上），会感觉自己是"休息者"，很容易昏昏欲睡；而客厅，是相对而言更严肃的场合，自然利于将角色转换为"学习者"或"办公者"。当然，如果你想更沉浸式学习，还可以去书店或付费自习室，里面有很多也在学习的朋友，他们会帮你更好地进入状态。

二是保持桌面干净。凌乱的桌面会干扰我们的注意力，书看到一半，你可能会不自觉地拿起一袋零食，马上进入"居家者"状态。我有一个绝招，就是放上一个大的鼠标垫，鼠标垫外，我可以容忍它乱一些，但鼠标垫上一定不要放东西。这样，只要我回到座位上，就可以在鼠标垫上放一本书开始学习。

三是改变穿着。不要穿着睡衣学习，尽量换成衬衣之类正式一点的衣服，比如男生换一件带领子的 POLO 衫。不得不承认，在公司穿着正装时，个人的精神会提升一个档次。坐姿也尽量挺拔一点，而非瘫在椅子上，这也在传递"要集中注意力"的信号。

第二步，找到心流时段。

每个人一天之中的状态各不相同。有的时候早上状态好，有的时候晚上状态更好。建议大家对自己做一下监控，看看自己什么时候效率更高。

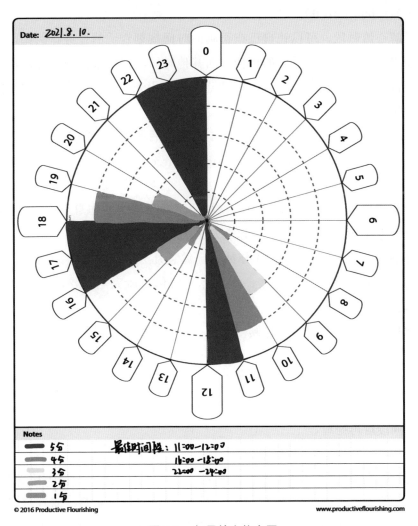

图 2-2　每日效率热力图

Productive Flourishing（www.productiveflourishing.com）开发了一款记录时间效率的工具 Daily Productivity Heat Map（每日效率热力图），如图 2-2 所示，红色为 5 分，橙色为 4 分，黄色为 3 分，绿色为 2 分，灰色为 1 分。通过它，我们可以非常清晰地看到自己哪个时间段效率最高。图中红色部分就是我的心流时间段：

—11：00—12：00

—16：00—18：00

—22：00—24：00

了解心流时段，可以让自己在正确的时间规划合适的任务。例如，这三个时间点我会用来处理重要的事情。而其他时间，则用来处理相对没那么重要的事情。其中，22：00—24：00 重点我主要用来学习，因为这个时间段不会被打扰。

你也可以直接在网站上下载这个工具，然后找到自己的心流时间段，网址是 https：//www.productiveflourishing.com/free-planners/。

第三步，采用学校模式。

"想要更有效果地居家学习，就按照平时上课时的作息来安排。"这是初中时班主任给我们的建议，看起来方法很笨，但效果确实好。

每学习一段时间（比如 40 分钟），休息几分钟。在学习期间，只专注于学习，而不去考虑其他因素；等到休息时候，就完全放松，不去考虑学习的事。

你肯定会问，在专注的时候，如果被其他事情打扰了怎么办呢？我们要看场景：

—如果事情很紧急，那自然要马上处理。

—如果事情不紧急，那就找一张便利贴将它列为待办事项，等到学习完这个时间段后再处理。

第四步，对任务做分解。

记得之前有一次接到一个紧急任务，要在第二天完成一份大概 5000 字的材料。当时我整个人都懵了，因为这个主题自己也不熟悉，而且时间紧任务重。接到任务那个上午，我完全乱了阵脚，在这个网上搜一下，在各种文件夹里找一下，也没有什么思路。

下午的时候，我觉得不能任由这种状态持续下去了。于是，拿出一张纸，写下了要做的事情，把大的目标拆解为一个个小任务。当写清楚每一个具体的任务后，我瞬间就轻松了。接下来，围绕着它们一个个去完成、打钩即可。

很多时候我们无法集中注意力，就是因为任务太难了。因为太难，我们会去逃避，自然难以进入心流状态。要让问题由难变易，最好的方法是分解它，把它从遥远的目标变成一步一个脚印。

学习也是类似。当你想要看完一本厚厚的书时，建议先把任务分解变成每天看多少页，这样你的压力就会得到极大的缓解。

第五步，适当提升速度。

对大多数人来说，Deadline（截止日期）是重要生产力。接到一个任务，刚开始时间充裕，心态会松懈下来；等到截止日期快来了，才开始提速。在最后几个小时，效率反而最高。

我们可以利用这种心态更快地进入心流。比如，假设你要在半小时看完一个章节，那么给自己倒计时 25 分钟，这种适当提速的做法反而会让你更有紧迫感。

第六步，避免使用手机。

只要我们打开手机，就会被动和主动去做一些"讨好自己"的事。

一被动层面上，会看到各种推送，有的是新闻热点，比如谁离婚了；有的是产品信息，比如哪款手机降价了；有的是社交消息，比如谁来找你了。

一主动层面上，会不自觉打开一系列让自己愉悦的应用（服务），比如抖音、微博、淘宝，这些应用都基于算法，知道我们喜欢什么，让我们的时间消耗其中。

无论被动还是主动，我们都会发现，一旦拿起手机，即使只是为了看一眼时间，也很容易被其他内容吸引。所以，要保持专注力，一个不得不面对的挑战，就是与手机对抗。怎么实现呢？推荐五个技巧。

（1）把看时间的功能剥离出来。购置一个手表或手环。我们可以设置将这上面的推送基本都关掉，它的核心作用就是看时间（和运动）。这样，当我们工作和学习时，要看时间，直接抬腕即可。

（2）把消耗时间多的应用全部放在隐蔽位置。有些 App 就是时间黑洞，我们可以把它们放在手机第二屏或第三屏，保证首页都是工具类或学习类应用。这样，当打开路径变得复杂，打开频率就会降低。

（3）每天有一个时间段将手机设置为勿扰模式。比如，我会把 23：00—24：00 设置为勿扰模式。这一时段即便收到信息，我也可以解释为在洗澡或在锻炼，别人也会理解。我可以在这个时间段集中处理一些重要的事情，比如看书、写作，它们需要专注的时间投入，必须保证有整块的时间。

（4）多用手写而非打字。虽然有很多 App 可以帮助我们制订计划、写方案，但是，当在手机上处理工作时，我们很容易分心。如果要梳理一些内容，我会习惯于在 iPad 或纸上手写文字。这看起来效率很低，但请相信我，拿起笔的那一刻，你的思路更容易变得清晰。

（5）建立自己的"稍后模式"。有一位同事特别有意思，给他发信息，他不会马上回复，但半小时后一定回复。后来我问他是怎么做到的，得到的答案是：他基本上是以半小时作为一个工作周期，在这个时间段内会集中处理工作，结束后再回复信息。那他不怕遗漏重要信息吗？他说，如果是重要信息，那么对方肯定会打电话。

并不是每一条信息都要及时回复。这是数字生活中一条非常重要的准则。

——遇到一篇好文章，我们可以把它加入书签，稍后阅读。

——朋友发来一条消息，如果不重要，我们可以设置一个提醒，稍后回复。

——突然想到一件要做的事情，我们可以把它写在便利贴上，等处理完手头的事情再做。

总之，尽量不要让当前的事被打断，否则我们重新回来要花的时间会多很多。

2.2.3　我的心流检查清单

基于"进入心流六步法"，我制作了一份"心流检查清单"。（如图 2-3 所示）每次在家学习之前，我一定会勾选完之后再开始学习。清单内容包括：

（1）穿上正式一点的衣服。

（2）把桌面整理干净。

图 2-3　心流检查清单

（3）准备一本便利贴。

（4）准备一支笔。

（5）写下今天学习的目标。

（6）倒一杯水。

（7）手机设为勿扰模式。

（8）准备一个闹钟。

（1）穿上正式一点的衣服。特别针对周末在家学习的情况。不要穿睡衣，因为那会让自己觉得是处在"休闲模式"，换一件衬衫会更有学习状态。

（2）把桌面整理干净。保证自己随时回到桌旁，都能快速进入学习状态。

（3）准备一本便利贴。便利贴有两个作用：一是用来写学习目标；二是用来写临时想起的事情。比如在学习中突然想起第二天要联系某个合作伙伴，就赶紧写在便利贴上，在学习之后再加到待办清单里，这样便不会打断学习的状态。

（4）准备一支笔。我比较偏好百乐的三色可擦笔，它有两个作用，其一就是用来写便利贴，其二是在书上做笔记。三个颜色可以保证不同的重点可以用不同的颜色区分（具体可参考 3.5 节），而可擦除的特点则保证写错了可以有"后悔药"。

（5）写下今天的学习目标。我会在便利贴上写下当天晚上的学习目标，比如看完《教学设计原理》第二章。不要小看这个环节，因为它相当于签下一个契约，继而督促自己去完成。

（6）倒一杯水。在学习过程中，喝水是一个高频环节。所以我会提前倒上一杯水，想喝就喝，而不用再起身去接水。

（7）手机设为勿扰模式。在学习时间段，所有外界信息都被隔离在外。

（8）准备一个闹钟。闹钟用来设置倒计时，连续学习时间一般是 40 分钟，到点之后会休息 5 分钟，然后继续学习 40 分钟。一旦设置了倒计时，学习的时候自己会更专注，并不自觉地提速，想要提前完成，这就提升了学习的效率。

2.3 行动篇：习惯养成的秘籍

2.3.1　半途而废的故事

2015 年小李跟我说她想做公众号。她喜欢表达，在公司里也参加过演讲比赛，且获得了不错的名次。基于自己的能力和爱好，她的定位就是"教大家怎么好好说话"。

在沟通的时候，她的眼里放着光，说看过很多人的文章，都是蜻蜓点水，没有深度。她要结合理论和实际，产出真正高质量的内容。

之后她真的开通了账号，也发了两篇文章。但之后的一个月，却没有了更新。我问她背后的原因，她说准备文章真的太麻烦了，一篇千字稿，要花上三四个小时，刚好工作最近又忙起来，所以还是算了。我又问，准备继续写吗？她有点不好意思地说，不写了，手上的事情也蛮多的。

在我们的生活和工作中，这种现象并不少见，特别是在与学习有关的场景中经常出现。有人说他要开始看书学习了，买了 10 本书，结果只看了 5 页，剩下的书甚至都没有拆封；有人说他要考证了，报了辅导班，听了两次课，就再也没去，甚至连考试的日子都忘了。

学习不是一次性动作，它遵循"量变到质变"的规律。这背后的关键因素，就是坚持汲取。接下来，我会分享六个秘籍，帮助你更好地养成学习习惯。

2.3.2　习惯养成的六个秘籍

秘籍一：激发内在动力

大多时候，我们不能坚持去做某件事的根本原因，是我们也不知道自己为什么做这件事。比如：我身边有个朋友说要学习演讲，我问她为什么，她说别人都在学，感觉挺有用的，于是就报了训练营。但是，她学了几天就放弃了。为什么？因为这件事跟她的本职工作没有强关联。

那么，如何找到动力呢？这里分享三个思路。

（1）是否与工作的痛点或难点相关？这是最推荐的方法，第1章"绘制你的学习地图"给出了解决方案。一旦要学习的内容与工作上的痛点相匹配，这就意味着学好以后可以解决实际问题、收入增加、提升职位，你的动力自然更大。

（2）是否可以带来多方面的收益？如果某个知识学好以后，可以带来多种角度的收益，那么坚持下去就更容易。比如，一个母亲参加结构化思维课程，既可以学习到知识和技能，还可以将它们转教给自己的孩子，一举两得，她的动力自然就更大了。

（3）是否有其他的激励措施？动力可以来自自己，也可以来自外部。比如，在学校读书时，你的同桌很努力，你也很容易被带动着拼命学习。类似的，如果学习时有一个同伴，互相可以鼓励和支持，你的动力也会更大。

秘籍二：明确学习目标

"这个月我要学会时间管理。"如果带着这个想法开始行动，大概率不会走到终点。为什么？因为它是目的，不是目标。目的是我们做事的初心，而要达成初心却有不同的道路。比如，你的目的是学会时间管理，那么达到这个目的的方式可以是听课，也可以是看书，还可以是请教他人。你会发现，如果只有目的，行动没有方向。

什么是目标呢？目标就是成功时的样子。它的核心是看得见、摸得着，能够被衡量。比如：在接下来的一个月时间里，我要阅读3本关于时间管理的书。

有一个原则可以帮助我们更好地将"目的"变成"目标"：SMART原则。它对应的是五个英文单词，也就是制定目标的五个关键要素：

（1）Specific：具体。只有具体，目标才看得见。比如，"我要学习时间管理"不具体，因为光看到这句话，谁也不知道你要干什么；而"我要阅读时间管理的书"很显然更具体，因为大脑中会浮现出一个画面，即"书"。

（2）Measurable：可衡量。衡量的作用是在将来可以评价完成情况。比如，我们说要看书，那么看多少本书才算达标呢？如果没有定义清楚，那么看1本也算，看5本也算。所以，明确"阅读3本时间管理的书"才能评价目标是否达成。

（3）Attainable：可达到。一个目标如果远远超过了自己的能力范围，那么它就没有任何意义。比如，我说阅读 1 万本时间管理的书，那么这很明显完不成（毕竟还有其他事情要做）。所以把阅读量定为 3 本，刚好自己不会觉得压力太大，也符合基本规律：3 本优秀的书大概率可以把这个主题讲清楚。

（4）Relevant：与目的高度相关。如果做的事情与最初的目的无关，或者关联度不高，那结果自然很难达成预期。比如，我的目的是学会时间管理，但是却把目标定为"看名人自传"，虽然其中可能涉及时间管理内容，但是大概率只占其中很小篇幅，与我们的目的不是高度相关。结果就是花了时间，达不到预期效果。

（5）Time-bound：有时间限制。任何事情如果不规定截止日期，很可能就会被拖延，或者被其他事情占据主要精力。"1 个月时间"就是我的时间限制。30 天结束，检验成果。

所以，当我们开始学习时，一定要制定一个学习目标，并且按照 SMART 原则检视目标是否合格。

秘籍三：设计启动刺激

一个习惯要形成，必须有启动刺激。著名喜剧演员周星驰在参加《新闻会客厅》访谈时分享过他的灵感来源，答案竟然是"洗澡"。"所以我洗澡常常会洗很久"，在这里，洗澡便是他寻找灵感的启动刺激。

2021 年 4 月 16 日，我所在的总部人力资源中心建立了一个运动群。入群后每天要上传自己的运动记录，有专人统计，并在月末排名。

刚开始我并没有觉得有什么特别，反正不会影响工作业绩，参不参加无所谓。但是，随着每天晚上一个个同事开始发运动截图，我的心态经历了三个阶段的变化：

（1）嗯，也就一两个人参加了。

（2）什么，这么多人都开始了？

（3）不参加是不是不合群啊！

一种空前的社交压力就这样产生。于是，从 4 月 23 日开始，我也开始了运动打卡。即使自己忘了，只要同事们的打卡信息一上传，就会刺激我开始运动。在这里，他人发的运动打卡便是我的启动刺激。

学习上也类似，我们可以设计一些简单的启动刺激，让自己开始行动。比如：

（1）闹钟。每天晚上 9 点闹钟响起，提醒自己开始学习。

（2）地点。有的人到书店就更容易静下心来看书，那就多去书店学习。

（3）物件。桌面上贴上学习计划表，每天看到它，也会刺激自己学习。

秘籍四：设计激励机制

得到 App 的 CEO "脱不花" 分享过一个打车的故事。她说，某次用滴滴打车，快到目的地时，司机跟她说：我提前选到达目的地，方便的话，给我点个好评；不方便的话，没关系。

对于大多数人来说，刚接收到别人一个善意（对方让自己少支付了一点钱），会想要知恩图报；而且你还在车上，手机在手上，也有时间，顺便完成这个好评动作也没什么。对于司机来说，收获的好评越多，得到的激励更多。平台会给他多派单，于是他会更愿意重复这个行动。

这就是激励的好处，它通过满足我们的某个需求，从而重复某个行动。在这个案例中，司机的需求是 "得到好评"，重复的行动是 "提前选到达"。在学习上也有类似的案例：

——有一个朋友为了督促自己学习，和另一个朋友对赌，两人各拿出 1000 元，交给第三方。谁没有完成学习任务，就把所有钱让对方拿走。这是一种激励，来自于损失厌恶。

——有一位同事喜欢盲盒，于是每当读完一本书，写完一则读书笔记，就奖励自己一个盲盒。这也是激励，来自于得到的满足。

所以，对于学习来说，如果完成了之前预定的目标，可以设计一些奖励，让自己更愿意重复学习这个动作。

秘籍五：让它变得容易

我曾经尝试过两种锻炼，一种是游泳，另一种是玩任天堂的 "健身环大冒险" 运动游戏。游泳坚持了 3 次就放弃了，因为要带装备，走一段路前往健身房，然后洗澡、换衣服。为了游一次泳，前期要准备大概半小时。但是 "健身环大冒险" 就不同了，只要开机、铺好瑜伽垫、换身衣服就能直接开始，准备时间不超过 5 分钟。

人性总是这样，如果一件事很难或很复杂，我们便很容易放弃。我们没必要去违抗人性，而要想办法利用好它，通过让事情变得简单，从而让习惯更加自然。例如：

—如果你想每天睡前看一本书，就把书放在床边。

—如果你想每天写日记，那么就从每天写一句话开始吧。

—如果你想学一个技能，就先看入门的书。

总之，只有简单化，才能自动化。

秘籍六：提升相关能力

我开始做笔记的时候，就是在纸上涂涂画画，过几天自己也不知道写的是什么。这直接影响了我的学习效果。后来我学习了结构化思维，按照各种结构图来做笔记，这才发现原来笔记也可以这么一目了然，于是学习起来也就更有信心。

一件事要想坚持下去，需要能力作为支撑。负重前行虽然看起来很英勇，但久了人也会被压垮。最好的方式就是锻炼自己的肌肉，让重量感知更轻。学习也是类似，你需要掌握一些技巧和方法，让自己更加轻车熟路。关于这一点你不用着急，本书后面几章会带给你相关的知识和建议。

2.3.3　坚持七年的写作实践

我从 2014 年开始利用业余时间运营公众号，目前已经写了近 900 篇原创文章，相当于平均 3 天就要输出一篇。很多同期开始经营公众号的朋友，或者陆续变成团队写作，或者中途就放弃了。经常会有朋友问我：曹将，你是怎么坚持下来的？

这个问题的本质其实就是"如何养成一个习惯"，它背后就是本章提到的"六个秘籍"，接下来我们展开来看。

第一，激发内在动力。

每年我会参加几次自媒体朋友的聚会。每次聚会之后我会收获一些写作和运营技巧，更重要的是，会收获驱动自己的能量。当你看到他人在持续努力、不断输出，并成为牛人的时候，自己会被刺激，继而在接下来的写作中投入更多。

前两年我招了两个助理，他们帮我运营自媒体。每周日晚上我们都会开周会，总结过去一周的工作，并对下一周进行规划。每当自己想要偷懒时，都会想到它的恶果：自己交不出计划，这很丢人。而且，如果自己不够积极向上，那怎么去要求别人努力工作？于是，偷懒自然被打败了。

一件事要坚持下去，纯粹靠兴趣肯定不可靠。核心就是要找到某种刺激，激发内在动力。有些刺激是内在的，有些则是外在的。对我来说，更多的是通过外部刺激来实现：行业聚会让自己看到别人的奋斗和付出，从而见贤思齐；团队的互相监督让自己羞于懒惰，继而更加努力。

第二，明确学习目标。

我给自己的任务是一周写 3 篇文章。这个计划很合适，因为它符合 SMART 原则：

（1）很具体。这比"提升写作能力"更实在。

（2）可衡量。一周 3 篇，我可以到期检查是否完成。

（3）可实现。相当于两天写一篇，这样一天积累素材，一天完成写作，压力不会太大。

（4）与目的高度相关。我的目的是"可持续地运营公众号"，所以不追求日更。

（5）有截止日期。"Deadline 就是生产力"。

当一件事有清晰的计划安排，便能更好地推动执行。

第三，设计启动刺激。

每晚 11 点，我会自然而然回到工作台边，倒一杯水，播放轻音乐，进入写作模式。这基本上是雷打不动的节奏。很有仪式感，也很有效。这里有三个刺激点：

（1）工作台。工作台保证干净整洁，一旦坐下去，就能马上开始写作，而且视线不会受到干扰。

（2）闹钟。每天晚上 11 点闹钟固定响起，自己会有意识地坐到工作台边。

（3）音乐。我会播放轻音乐，它会让自己更快地进入状态。

或许你会觉得矫情，但一套启动机制若能坚持下来，便会形成条件反射：它们提醒自己该做某件事了，随即你的情绪和状态也会被调动起来，接下来便是采取行动。

第四，设计激励机制。

每篇文章发完后的 10 分钟，自己都会很激动。看着阅读量上去，一条条评论到来，会产生巨大的满足感。因为付出得到了及时的良性反馈，自然也就有了持续写作的动力。有时候会收到他人表达诚挚谢意的留言，这对自己而言也是莫大的鼓励。

我还有一个好物清单，里面都是自己平时逛淘宝时种草的产品。一旦某篇文章的阅读量超过 1.5 万人次，我就会从中挑选一件礼物送给自己。这样，付出与回报之间的良性互动关系就建立起来了。

行动只有得到良性反馈，才会更积极地持续下去。对我来说，这个反馈既有即时层面的阅读量和评论，也有达到某个目标后的物质奖励。这样，我对写作也会抱有发自内心的期待。

第五，让它变得容易。

选题上，我的文章很大一部分都来自于日常工作。比如，工作中遇到厉害的人，我会记录下他的成功之处，总结成套路；比如，做完了一个项目，自己会思考其中的经验和教训，分享相关内容给读者。所以，很多文章并非完全地重新搭建。同时，它也有助于工作，毕竟提炼的技巧也适用于自己的日常工作，继而形成一个良性循环。

内容上，我建立了三套素材库：

（1）金句库。里面是在各种渠道看到的金句，收藏到一起，写作中如果想要升华观点、引发共鸣，就会在这里找灵感。

（2）知识库。围绕自己重点关注的几个板块，我会建立对应的知识库，日常看书学习到相关内容，会在这里做好记录。

（3）选题库。有新的选题思路，我会随手记录下来，并附上一两句切入点，这样每次开始写作时，便不用担心选题，而是直接挑选一个后便快速动笔。

篇幅上，我会保持克制。大多数文章，我会控制在 2000 字以内，把一件事说清楚就好，而不是追求每篇文章都要建立一个大体系。这样心理负担小一点，背包轻了，走得就远了。

一件事要坚持下去，核心就是要让它简单化，否则就会因为太过复杂而焦虑，容易放弃。

第六，提升相关能力。

在这 7 年中，我也在有意识地提升两类写作能力：一是讲故事的能力；二是结构化写作的能力。根据学习内容，我整理了自己的写作套路，如图 2-4 所示。

图 2-4　曹将的写作工作流

第一步：确认选题。有两类选题：一类是"主题类"，即当月重点关注的内容，如"高效学习"；另一类是"跟进类"，即持续关注的内容，如"高效利用工具提升效率"。

第二步：信息搜集。进行主题阅读，并完成知识卡片。卡片有三类：第一是知识点，例如什么是"费曼技巧"；第二是文章，例如公众号的优质文章；第三是灵感，如突然想到的想法。

第三步：信息梳理。利用工具将信息梳理为结构化的内容，我常用到的工具有三个，包括幕布、思维导图和"Post-it"。

第四步：完成初稿。基本框架是 Why-What-How，也就是为什么要讨论这个主题，这个主题是什么，如何用好这个主题。

第五步：文章包装。用到的方法有图像法、具象法、故事法、金句法、短句法、设问法和总结法。

当写东西的能力上去以后，码字这件事也自然变得更加如鱼得水。

所以，习惯的养成需要系统性设计，如图 2-5 所示。

图 2-5　如何养成一个好习惯

总　　结

本章讨论了一个问题：如何做好学习前的准备工作？它的核心是做好"策划"。因为靠激情只能坚持一时，靠策划才能养成习惯。具体来说，包括三部分内容：

第一，心态上，从受害者心态转为参与者心态。遇事不去刻意将坏的结果归因于外，而是主动思考自己应该做什么来改变现状。

第二，状态上，通过六个步骤，进入学习的心流。分别是进入学习角色、找到心流时段、采用学校模式、对任务做分解、适当提升速度、避免使用手机。

第三，行动上，通过六个秘籍，养成学习的习惯。分别是激发内在动力、明确学习目标、设计启动刺激、设计激励机制、让它变得容易、提升相关能力。

本章的总结图如图 2-6 所示。

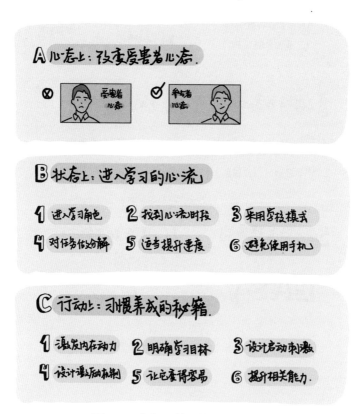

图 2-6　准备：学习前做好三件事

截至目前，我们通过绘制学习地图，找到了学习的方向；通过这一系列准备工作，知道了如何为学习创造好的内外条件。接下来，我们将正式开始接触学习的方法，提升学习的能力。

第 3 章

阅读：建立知识的系统性认知

阅读是指用语言文字获取信息的过程，例如通过阅读图书、杂志、研究报告、论文、公众号文章等，了解某个领域的知识。其中，读书是最重要的方式，它能帮助你对某个领域建立系统性的认知体系。当我们对某个领域不熟悉的时候，或者想要对某个领域进行深挖时，读书是最"简单有效"而且"便宜"的方法。

　　那么，怎样才能更有效率地阅读呢？本章我们将从选书开始，讨论如何选择一本合适、合格和可靠的书，分析如何速读和精读一本书，之后就阅读时的三个挑战（梳理逻辑、强化记忆、制作笔记）进行专题讨论。

3.1 选书：做一次图书面试官

在一个声音嘈杂的时代，一个重要的能力就是懂得选择和关闭谁的声音。

每逢"6·18"或"双 11"，我都会囤一大波书。为什么？因为满 200 减 100。只要看到折扣，人就会激动，再加上官方的各种宣传，好像不买就亏了。但结果是什么？大量的书连包装都没拆，安静地躺在书架上吃灰。

这背后的根本原因就是：针对性不强。我不是因为需要它而买它，而是因为它便宜而买它，这个动机从一开始就错了。后来我改变了策略，每一本书都严格挑选。

怎么挑选呢？我们可以把自己当作面试官，一本本书则是候选者，通过面试挑选图书：面试主题，看是不是合适；面试作者，看是不是合格；做好背调，看是不是可靠。

3.1.1 面试主题：是不是合适？

企业招人是不是一定要招这个行业最优秀的人？很多人的回复是"那肯定啊"。但如果我说这个岗位的职责就是每天登记来访人员信息，那答案可能就会变成"不一定"。这背后的核心逻辑，就是合适不合适。

"少不读水浒，老不读三国"说的也是类似的道理：每个人在不同的发展阶段，需要阅读的内容也不同。比如一个职场新人，让他看"战略"类内容肯定没错，但是他这个阶段的工作重心是完成学生向职场人的转换，那么"职场习惯"更适合他的需求。

所以，挑书的第一步，其实是问自己：我要解决什么问题？

在提问时，有一个关键点：问题一定要具体。我们来看两个问题：

（1）如何提升表达能力？

（2）如何提升汇报时的演讲能力？

很明显，前者更抽象、后者更具体。

（1）抽象的问题只会带来抽象的方向，结果你会面临大量的选择，容易迷失在候选书目中，继而被各种宣传文案所迷惑，选择"似乎"可以让你满意的书。比如：面对"如何提升表达能力"，你就有"日常沟通""向上沟通""向下沟通""公开演讲"等大量主题的候选图书。

（2）具体的问题则会带来清晰的方向，这样你就可以聚焦到这本书有没有对应的章节，然后看是否匹配自己的需求。比如：面对"如何提升汇报时的演讲能力？"你就会刻意地关注跟汇报相关的演讲类图书，这样的选择面更窄，也更能解决你的实际问题。

所以，关于主题的面试核心在于面试自己：我要解决什么问题？

3.1.2 面试作者：是不是合格？

知识类产品与其他产品最大的差异就是：因人而异。如果是日用产品，在相同价位上综合性能不会差太多，但是知识类产品就不同了，在书的价格、主题类似的情况下，不同作者写出来的内容千差万别。这背后最重要的原因就是作者的经历和他的能力。

那如何面试作者呢？

一方面看作者的履历，即有没有相关的经历。比如，某券商研究员写行业研究的书、某企业高管写管理学著作，这自然让人信服。同时，我们也可以看作者的"口碑"，比如他之前有过好的作品，那么大概率这一次也不会太差，毕竟对自己要求高的人，一般会珍惜羽毛。

另一方面看作者的写作能力。我会看看简介和目录，看结构是否清晰；随手翻阅几页，看语句是否通顺。如果一本书结构不清、表达晦涩，直接抛弃。

通过这两点，基本可以判断一本书的内容质量和阅读感受。

3.1.3 做好背调：是不是可靠？

企业做招聘的时候，有一个关键环节叫作背景调查。HR 一般会打电话给候选人的原单位，询问对方的经历是否真实，了解其他人对候选人的看法。这个方法也适用于选书，毕竟作者介绍是一面之词，很可能有夸大嫌疑。

一个方法是搜索。比如在豆瓣上看一下大家的评价，了解其他人的推荐程度；在百度上搜一下作者，验证一下他的履历。当然，这些也可能会有水分，毕竟现在很多机构为了销量，会雇用水军来刷分。

另一个方法是咨询信得过的朋友或老师：要了解这个领域（或解决某个问题），看什么书比较靠谱？比如我在读研的时候想要了解一些哲学方面的知识，又不太想啃太艰涩的图书，于是就咨询导师，他推荐了一本《你不可不读的西方哲学故事》（文聘元）。如果是靠自己搜索，凭书名大概率不会购买，但是导师推荐有信誉保证，阅读以后也真的受益匪浅，对整个西方哲学历史有了整体了解。

通过这两个方法，基本可以验证一本书是否可靠。

3.1.4　我的选书"面试表"

为了更好地选择图书，我做了一张选书"面试表"，如表 3-1 所示。其实就是问四个问题，方便我们更清晰地找准合适的书。表 3-2 就是依据表 3-1 对《体验设计：行为设计学》这本书的面试结果。

表 3-1　选书"面试表"

序号	问题	答案
1	我要用这本书解决什么问题？	
2	作者在这个主题下有没有相关的经历？	
3	这本书的文字表达清晰吗？	
4	他人对这本书的评价如何？	

表 3-2　《体验设计：行为设计学》"面试表"

序号	问题	答案
1	我要用这本书解决什么问题？	如何设计一个有体验感的培训
2	作者在这个主题下有没有相关的经历？	两位作者在行为设计上有研究经历。 —齐普·希思：斯坦福大学商学院"组织行为学"教授 —丹·希思：杜克大学社会企业发展中心高级资料员

续表

序号	问　　题	答　　案
3	这本书的文字表达清晰吗？	表达很清晰，围绕峰值时刻的四个影响因素展开讲解：欣喜感、认知感、荣耀感、连接感
4	他人对这本书的评价如何？	豆瓣 7.9 分

3.1.5　去书店完成一次偶遇

每隔一个月，我就会去一趟书店。你肯定会问了，现在电子书和网购这么发达，为什么还要费劲出去一趟？答案是：在书店可以偶遇好书。

现在网购很方便，遇到问题就去搜索，于是得到推荐书目。但是这有一个前提，那就是我们知道检索的关键词。但有时候，某些关键词我们想不到。

举个例子，有一段时间我的学习主题是"写作"，它有一个更具体的问题：如何让写作更容易被理解？某次当我路过书店的儿童区时，一个想法突然冒了出来：要把事情讲清楚，有谁比儿童读物更擅长呢？

于是我随手拿起一本《万物的尺度：看得见的单位》，一边阅读一边总结，发现这本书用了三种方法，把对孩子来说不容易理解的"单位"说清楚。

（1）和熟悉的概念进行链接。1 牛顿的力有多大？作者直接给了一张实拍图，图上的人握着一个橘子，它压在手上的力的大小就是 1 牛顿。橘子是我们非常熟悉的水果，这样一链接，我们马上就对"1 牛顿"的大小有了感性的认识。

（2）用图片来解释概念。整本书 70% 都是图片，这样的好处是：看得到活生生的模样。例如在解释"1 吨是多重"时，作者就给出了日本龙、北非公牛、黑犀牛等具体的图像。

（3）用有趣的案例来解释概念。在介绍 1 立方米有多大时，作者给了两个有趣的案例，一个是"1 立方米能容下 8 个小朋友"，另一个是"容积为 4 立方米的汽车里能容下 28 个成年人"，当我看完这两个案例后，第一反应是"1 立方米竟然如此大"，于是，知识与情绪产生了联动，它便会在记忆中刻下一刀，很难忘记。

这三个技巧，简单又实用。如果我没有去逛书店，怎么也想不到可以通过儿童读物来得到这些信息，或者即使想到，也不知道如何搜索。

所以，当有学习的需求时，不妨去书店逛逛，完成一次偶遇。

3.2 速读：快速积累目标信息

假如要 1 个小时内读完 300 页的书，你会怎么办？可能你会说：一目十行，囫囵吞枣呗。但是，这样有什么意义呢？最后它只会变成一个打卡的数字。

速读的核心是快速获取我们需要的信息。这 300 页的书，有一些是对我们有帮助的，那就重点阅读；有一些没有太多帮助，那就略读。通过对精力的分配，达成我们的目标。

3.2.1 四个方法，帮你快速锁定核心信息

在我做研究分析师的时候，经常需要一周内读懂一个行业，并且完成一份分析报告。这意味着，我必须在前 4 天，搜索和阅读十多万字的材料，这样才能留出时间来写报告。那我是怎么做的呢？

第一，找到一份基石材料，搭建框架。

基石材料能解释清楚这个行业的基本面貌，比如与该行业相关的宏观基本面（政治、经济、社会和科技情况）、行业的基本情况（市场容量、消费者是谁、产品有哪些）、主要龙头企业的情况（定位差异、产品差异、客户差异等）。它可能是券商的行业研究报告，也可能是咨询公司的分析报告。这份材料也很厚，我会重点看一下目录，根据它来画一张思维导图，构建整体框架，然后把其中提到的关键信息填入框架。

第二，带着问题阅读其他材料，完善框架。

框架有了以后，接下来就会发现有很多内容需要补充。我会带着问题去找信息。比如，有的企业数据没有更新到最新一年，我就会去找到它的年报，搜索得到这个信息；又比如，有的缺乏企业的经营活动，我就会去它的公众号里翻阅过往信息，找到相关素材。

第三，采访行业从业者，建立整体认知。

我会通过各种渠道，联系到这个行业的从业者，约他吃个饭或者打一个电话，了解一些缺乏的信息，核实一些不确定的信息，但更重要的是在交谈中听取他们对这个行业的整体评价。

第四，设定倒计时，加速信息获取速度。

在阅读材料时，我会设置一个倒计时。比如，在阅读基石材料时，我会设置 1 小时计时器；时间结束后，再设置半小时，规定自己做好思维导图。这样的好处是，倒计时可以逼迫自己产生紧张感，也让自己刻意避免去干其他事（比如看朋友圈）。

这就是我快速完成报告的秘诀。你肯定会问了：这些方法适用于看书吗？它们其实是相通的。

第一，建立基本框架。

一旦有了基本框架，那么你就有了一张地图，知道全书的整体结构。但怎么找到框架呢？你可以先看看书的目录。现在的图书，目录都非常详细，只要认真阅读，你就基本了解了整体的脉络。如果看完目录仍然觉得框架不太清晰，那么可以考虑看看书的序言，它也会对全书做整体描述；看看每章的开头和结尾，一般都有对本章的整体介绍。

第二，带着问题阅读。

带着问题去阅读的好处是：你会更聚焦。举个例子，下面两段文字，哪段阅读速度会更快？

【例1】

在过往接受的教育里，内敛一直是美德。它遵循一个基本前提：你的努力终究会被看到。所以，踏踏实实是美德，不外露是美德，反而表现自己是糟粕，是不好的行为。于是，每当别人说"你好厉害"的时候，你的回答永远是"运气好而已"。但是，这对领导来说，太难了。我们对他们的期待是，有好的绩效管理的目标，然后分解到个人，在工作执行中有意识地观察下属的行动，然后给予其过程指导，并在项目结束后或年度考核后，基于事实给予公正又人性的反馈。但是，真正能做到的领导少之又少。这当然部分可以归咎于他们的能力有待提升，但是，他们真没那么多时间来观察你。

【例 2】

如何做到把领导当客户？

我们总是误会了自己的角色。认为领导是你的长辈，他应该爱你、关心你、呵护你。但其实，他是你的客户，你要让他"接受"你的建议、"认识"你的能力。换成这个思路，你就会发现很多行为就有了改变的可能。比如，主动让他知道你工作的进展，可以是日报、周报，可以是当面汇报，也可以是微信留言，总之，要让领导知道你做了什么，做到了什么。比如，重视提交的各种材料（如 PPT、Word），逻辑保证完整，美观上看得过去。比如，重视表达。每次跟领导沟通重要工作前，明确目标是什么，考虑每个表达他会有什么反应，进行排练。再比如，考虑到领导的习惯，有的喜欢直接，有的喜欢婉转，用他偏好的方式沟通……总之，被看见也是一种能力。

对于大多数人来说，后面的文字内容更多，但阅读起来速度更快。这背后的原因就是，后者在开头提出了问题：如何做到把领导当客户？看到问题，你就会想去找答案。找答案比归纳信息更快，这是我们天然的习惯。

第三，查阅他人解读。

在速读完一本书之后，如果觉得还没太懂，那么可以试着搜一下有没有相关的"解读"，或者在豆瓣上看看有没有相关的书评。在这里你可以听到（或看到）他人对整本书的理解，这也能帮助你快速补充信息。

第四，设置倒计时。

倒计时非常有用。打开一本书的时候，给自己设置 1 小时的倒计时，然后你的阅读速度自然就上来了。这招在上一章也提到过，它是进入心流的好方法。相信我，百试百灵。

3.2.2 我是如何一小时读完一本书的？

上一节提到，我很喜欢逛书店，因为总能有一些惊喜的偶遇。如果遇到了好书，我会做一个判断，它值不值得买回去？如果是那种系统性的书，我会选择购买，之后再精读；如果里面很多内容都知道，而自己只是希望获取其中的部分内容，则会选择直接在书店里速读。

第一，建立基本框架。

有一次，我遇到了一本讲文案的书，它属于自己关注的"写作"话题。我首先翻阅了目录，整体框架如下：

－前三章是传播逻辑：先刺激欲望，然后取得信任，接下来引导下单。

－第四章是重点专题：如何写好一个抓人眼球的标题。

－第五章是范文解读，即案例拆解。

因为我在研究生阶段学的是市场营销学，所以对书中提到的有些内容比较熟，比如"感官占领""认知对比"。而我重点想了解的是"赢得读者信任的方法"和"如何起抓人眼球的标题"两章内容。基于这样的分析，我决定直接在书店里快速读完这两个模块。

第二，设置倒计时。

接下来，我在手机上设置了1小时的倒计时。当我按下"开始键"后，整个注意力突然就被"提"了起来。

第三，带着问题阅读。

然后，我又认真地看了一下这两个章节的目录，并大概分析里面的内容是什么。例如，"赢得读者信任"一章里有三节，分别是权威转嫁、事实证明和化解顾虑。于是我问了自己三个"是什么"，并根据自己的理解进行了回答：

－权威转嫁是什么？应该是找权威数据或专业人士论证。

－事实证明是什么？应该是找一些具体案例来说明。

－化解顾虑是什么？应该是考虑一下他人可能担心的地方，并用前面两个方法（权威和事实）来化解。

接下来，我就去书里找答案。例如，关于权威转嫁，得到的答案是：

——权威转嫁要做两步：塑造高地位，描述高要求。

——具体的案例有：权威的奖项，权威的认证，权威的合作单位，权威的大客户，明星客户。

找到答案以后，我把它们记录在微信的"文件传输助手"里。这样回到家以后，便可以马上打开电脑，再整理到印象笔记里。

通过这样的操作，两个章节的内容其实半小时就看完并记下了。剩下的半小时，我快速浏览了其他章节，偶尔有一些不错的发现，也顺道记录下来。

第四，查阅他人的解读。

在回家的路上，我打开了豆瓣，翻了一下阅读量比较高的书评，里面有人对它做了比较详细的分析，于是便把链接发送到了微信"文件传输助手"里。

回到家，整理自己的阅读收获和他人的书评，将这本书的精华整理成笔记。

你可能会说，曹将啊，如果都像你这样操作，书店不会倒闭吗？现场我虽然是速读了这本书，但我还购买了另外一本书——《故事力》，这本书的大多数内容对我而言都是新的，而且有 300 多页，适合拿回家精读。

具体怎么精读呢？我们下一节再讨论。

3.3 精读：旅行式读书法

虽然速读可以帮助我们快速获取信息，但有很多书不适合速读，比如一本陌生领域的图书，或者信息量大的教科书。面对这些书，我们需要潜下心来阅读，理解结论推导的过程，获取系统性的知识。这时候，就需要采取精读的策略。

3.3.1 你是如何旅行的？

只要是超过 2 天的假期，我一般会选择出去旅行。旅行的好处是能暂时逃离工作状态，实现更彻底的放松。为了保证旅行更有质量，我会做以下六件事。

第一，制作一张旅行地图。旅行前，我会在百度地图上搜索目的地，然后把目的地的页面截取出来。接下来，在上面标注出一系列他人推荐的目的地。于是，拿到这张地图，我就对这次旅行有了一个整体脉络。比如图 3-1，就是我的大理旅行地图。

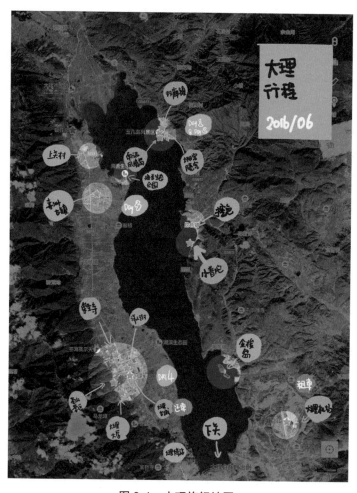

图 3-1 大理旅行地图

第二，基于地图制作攻略。我会在"马蜂窝"App上查阅他人的旅行笔记，然后规划出每天的行程，并且大致知道在不同的景点重点看什么、吃什么。比如，到了大理的喜洲古镇，一定要吃喜洲粑粑。这样的好处就是，不会走马观花，而是目标明确、重点清晰。

第三，在旅行时做好记录。在旅行途中，我会做好一系列记录。比如，遇到美景，会拍照留念；听到当地人的故事，会把它们记录下来。这样之后回顾时，就有了重点。

第四，制作旅行手账。在旅行结束后，我会制作一份旅行手账，将每天看见的、听到的和自己的感受做到笔记软件里，成为自己的专属纪念。

第五，回答朋友提问。旅行结束后，经常会有朋友问我"这个地方值不值得推荐"，或者"怎么玩会比较好"。这时候我会基于自己制作的旅行手账，跟他们分享哪些地方不错，哪些地方有"坑"。

第六，延伸思考。有些旅行结束后，会感觉意犹未尽。比如之前去吴哥窟，被那些残垣断壁所震撼。回来后会去看相关的纪录片，看《吴哥之美》，不断补充相关的信息。

第七，写成游记。为了让旅行的记忆更持久，我还会把整段旅程写成游记。基于这样的输出，对于整段记忆便会留下更深刻的印象。

这便是一次旅行的全过程，而要完成一本书的精读，就类似于完成一次深度旅行。

3.3.2　七个步骤，像旅行一样消化一本书

第一步，建立基本框架。

这类似于"制作旅行地图"，先不要直接进入正文，而是了解图书的基本框架，了解它包括哪些章节、到底要解决哪些问题。这样，在阅读时你便能随时知道自己看到了哪里，接下来还有什么。

怎么获取图书的基本框架呢？这跟速读时提到的方法类似。

（1）看目录。一般来说，作者会将内容拆分为大小章节，而且非常详细。通过它，你可以清晰地知道全书的脉络。比如你看了本书的目录，便会对如何"高效学习"有一个整体把握。

（2）看序言。在这里，作者会将为什么写这本书、它能解决什么问题、他会从什么角度来展开内容说清楚，这能帮助我们形成感性的认识。

（3）看每章的开头或结尾。一般来说作者会在这里对每章的重点进行归纳，这样就大概知道每章具体讲了什么。

第二步，带着问题阅读。

这类似于"基于地图制作攻略"。阅读最怕的是什么？注意力不集中。为什么注意力不集中？因为目标不明确。而如果有一个攻略，那么阅读就会更聚焦。

怎么找到问题呢？有两个方法：

第一是你看这本书的目的。你看这本书本来就是为了解决某个问题，那么就带着它去搜索。比如我在看《体验设计：行为设计学》前，就有清晰的目的——"应该怎么结合到培训工作中"，那么在阅读时，自然就会不断地寻找答案。

第二是根据每章的标题来设问。比如标题是"数据关系决定图表类型"，那么我们就可以从"是什么""为什么"和"怎么办"三个角度提问：

一是什么：什么是数据关系？什么是图表类型？它们分别有哪些形式？

一为什么：为什么要根据数据关系决定图表类型？

一怎么办：知道了这个，我应该怎么使用？

接下来，就在阅读中去找这些问题的答案。

第三步：标注重点和添加笔记。

这类似于"在旅行时做好记录"。旅行时照片是重要的记录，它能让我们在回顾时知道这段旅程的主要经历。而在阅读时，我们需要在书上对重要内容进行标注，这样当我们回顾这本书时，就不用再全部重读，而是重点看标注的内容。

哪些内容值得标注呢？答案就是我们提问的解答内容。

一核心知识点，如重要的概念、重点的结构图等。比如，在看《营销管理》时，"4P 理论"就是核心知识点，自然要特别地标注出来。

一每章、每段的总结句，这些都是精华。一般来说，它们都出现在开头或结尾。

——跟自己相关的内容。有些内容不是核心，却带给了自己启发，那也值得标注出来。比如，在阅读《意义革命》时，有一句话是："我也意识到根本没有什么困难的事情，只有我无法解决的情况，如果我不能举起某个东西，不是因为它太重，而是因为我的肌肉还不够强壮，至少现在不行。"这对应了职场思维里的"参与者心态"，它对我开发对应的课件有帮助，我就特别标注了出来。

为了加深理解，建议在图书边缘添加一些笔记，笔记的内容有两种形式：

——对某个知识点的理解。比如，在阅读《故事力》时，里面有一句话"决策离不开情绪"，我读了很有感触，于是在空白处加了一句：很多时候理性让我们犹豫，情绪让我们行动，这也就是情怀的作用。这样，这个知识便与我既有的认知产生了联系。

——绘制形象的图示。有些内容很多，表述显得复杂，但其实可以用简单的逻辑图解释，此时我可以用一张简单的图示来展示。比如前文提到应该关注"核心知识点""总结句""跟自己相关的内容"，可能很难记忆，那么画成图 3-2，或许就更容易理解。

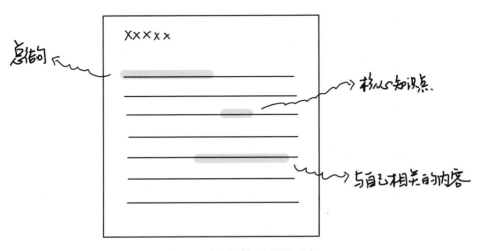

图 3-2　阅读时标注哪些重点

第四步：整理逻辑架构。

这类似于制作"旅行手账"。阅读结束后，我们也可以绘制一张类似的总结图。将之前做的笔记，基于整个脉络绘制出来。拿着这张图，我们便对整本书的核心知识点一目了然。

制作时有两个建议：

第一，尽量在一页纸上完成。如果内容很多，也可以一章一图。这样之后拿着这张图，便可以清晰地回忆起整体内容。比如，在准备考研的专业课复习时，我就为每章内容画了一张总结图，如图 3-3 所示。

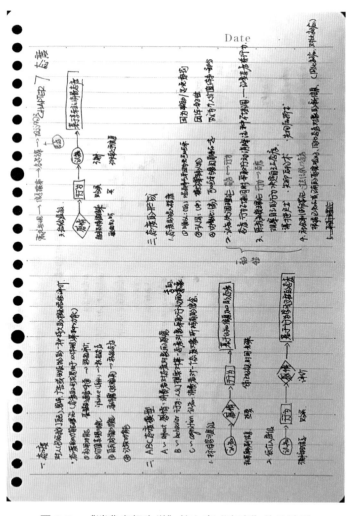

图 3-3　《消费者行为学》第七章"态度"的总结图

　　第二，建议按照自己的理解来绘制。书里的结构有时候比较复杂，为了方便自己理解，可以用一些逻辑图示来展示，往往看起来更清晰。如图 3-4、图 3-5 所示。

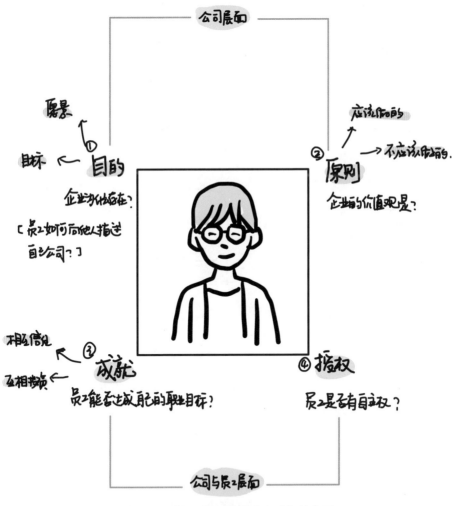

图 3-4　《企业如何塑造意义感》结构图

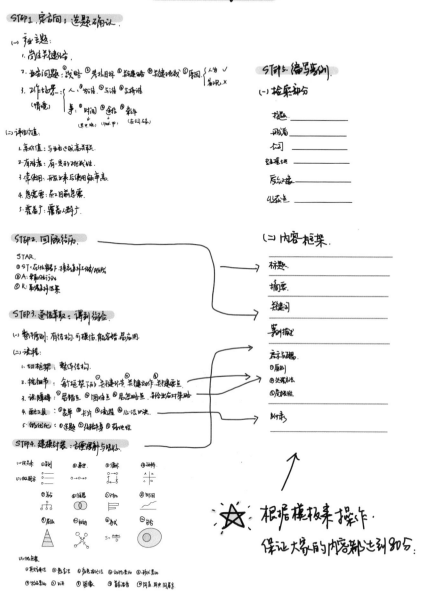

图 3-5 《企业经验萃取与案例开发》结构图

第五步，检验学习效果。

这类似于"回答朋友提问"，在精读里就是回答自己阅读前设计的问题。

我的方法是把书翻回到目录页，然后对照着一个个标题，从"是什么""为什么""怎么办"三个角度回顾每部分的核心内容。如果有回答不上来的，就看看自己画的总结图。如果还是不清晰，那就再回到书里对应的章节，重点复习。

第六步，进行知识联想。

这类似于"延伸思考"，也就是读完书以后，对其中的内容进行延展。推荐四个方向：

1. 补充相关信息

书里没提到的内容，自己去完善它。比如在读《得到品控手册（6.0）》时，里面提到了一系列给课程取名的方法，但是举例不多，于是我根据 App 内的课程，补充了相关案例，如图 3-6 所示。

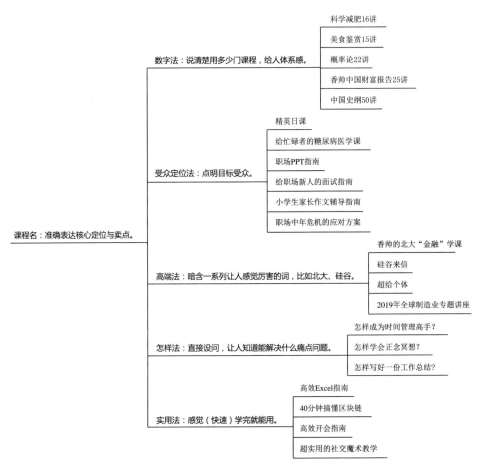

图 3-6　如何给课程取名

2. 与既有知识连接

TED 有个演讲叫《物理学教我市场营销》，嘉宾丹·高伯雷（Dan Cobley）利用牛顿第二定律、海森堡的不确定原理、热力学的第二定律解释了看起来似乎没有关联的品牌工作。比如：

"力 = 质量 × 加速度"（$F=ma$），那么"加速度 = 力 / 质量"（$a=F/m$）。这意味着当质量越大时，我们需要更大的力才能改变原来的方向。此结论也可应用在品牌上，越是知名的品牌，包袱越多，越需要更多的力来改变其原来的定位。

知识是相通的，比如我有一门课叫《向上管理》，开发这门课的时候，我一直在想它的本质是什么。在分析了各种案例之后，我得到一个结论：这就是以前学营销时每天提到的"以客户为中心"，只是这时候"客户"即"老板"。理解了这一层后，接下来很多做法便一目了然，比如要洞察领导需求、做好汇报工作等。

所以，在精读的时候，可以主动将自己过去的知识与新收获的知识产生链接，这样既可以完成对旧知识的回顾，又可以加深对新概念的理解。

3. 与自己的经历联系

如果可以将看到的知识、见解与自己的经历联系起来，那么这些输入就"活"了。从这一刻开始，它便完成了从作者到读者的接力。

比如，在阅读蒋勋老师的《生活十讲》时，我看到了这样一段话：

当我们从"要花很长的时间期待，很困难地得到一样东西"变成很快速、很容易就能取得，而且选择更多，于是有后来的不珍惜。

于是我联想到一段读书时的经历：和同学一起去吃酸菜鱼，在每个月只有 600 元生活费的日子里，30 元的酸菜鱼也算是一笔高消费。她看我狼吞虎咽的样子，开心地说道，"如果以后工作了，也能够因为一碗酸菜鱼而开心就好了。"事实是，工作后真的没有了这些兴奋，因为选择变多，得到更容易，自然开心就越少了。

有了这样的联系，便完成了知识和观点的接力。

4. 与未来的场景联系

假设如果自己将来遇到了类似问题，可以怎么办。这是从李欣频老师的《十四堂人生创意课》里学到的一个技巧。在书里，她让学生去看日本电影《大逃杀》，希望他们主动去思考，假设自己也被抛到一座孤岛上，面对生存游戏，应该如何面对。看起来很极端，但是这些思考可以让我们在真正面对问题时，能够马上想到解决方案。现在工作压力大，内卷很厉害，这也类似于《大逃杀》里的生存游戏，思考如何在这种环境里生存下来，便完成了与未来场景的联系。

这个方法我们也可以借用到精读里。在看《故事力》的章节"销售就是卖故事！如何讲故事，让客户心甘情愿埋单"后，我也会假设现在要卖一本书给他人，我应该怎么设计自己的故事。

基于书里的框架，我做了三方面的分析：

一把握需求：我可以帮助他解决什么问题？

一设计冲突：打破对方的平衡状态，让他意识到这个需求很重要，很紧迫。

一解决冲突：提供解决方案（买书），让对方有所收获。

最后，我设计了一个表达方案：

你是不是想要提升能力，却找不到关键突破口？你是不是买了很多书，却一本也没看完？你是不是想要坚持，却总是一鼓作气、再而衰、三而竭？这些问题的背后，是你没有策划好学习的过程。学习不能靠情绪，而要靠设计。推荐这本书，因为它能帮你建立一张学习地图，找到发力点；通过系统性的方法弥补短板，完成自我的跃迁。

第七步：将内容表达出来。

这类似于"写成游记"。当我们将整本书的核心观点复述出来，或者写成读书笔记，那么对它的理解便真正透彻了。

在表达时，推荐一个有用的方法——"费曼学习法"，它来源于诺贝尔物理学奖获得者理查德·费曼（Richard Feynman），核心是："想象你是在跟一个小孩子讲，你会怎样来表达？"

为什么要这么来复述呢？因为面对小孩子，你就不能用那些抽象的词语。很多时候我们不能深入理解一件事，核心就是因为我们对这些概念本来就不清楚。比如你要跟一个小孩讲"REITs"（房地产信托基金），那你肯定不能按下面的方法来表述：

REITs（Real Estate Investment Trusts，房地产投资信托基金）是一种以发行收益凭证的方式汇集特定多数投资者的资金，由专门投资机构进行房地产投资经营管理，并将投资综合收益按比例分配给投资者的一种信托基金。

对孩子来说，这完全是天书。按照"费曼学习法"，我们需要换一种表达方法：

我有1万元钱，想当"包租婆"，可是买房门槛太高怎么办？那我可以找1万个人的1万元钱，得到1亿元。这里买一栋楼，那里买一栋楼，每年收租金后按"大家给了多少钱"分钱，最后如果是房价涨了，还可以把楼卖掉再分钱。这样，你又可以拿到定期的收益，顺便还占有了房子的股份，这就是REITs。

这样是不是更容易理解了？

所示，要精读完一本书，需要做好七个步骤，保证知识输入到位、消化到位，如图3-7所示。

如何精读一本书？

1 了解图书的基本框架

〔目录〕　　　〔序言/第一章〕　　　〔每章开头/结尾〕

2 带着问题阅读

QUESTION

看本书的目的　　参考标题

（是什么/为什么/怎么办）

3 标注重点&添加笔记

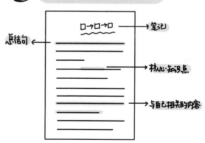

总结句 → 笔记

核心知识点

与自己相关的内容

4 整理知识

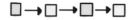

5 检验学习效果

ANSWER

6 知识联想

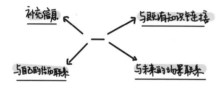

补充信息　　　与既有知识链接

与自己的经历联系　　与未来的场景联系

7 将内容表达出来

图 3-7　如何精读一本书

3.3.3 精读《意义革命》

1. 选书流程

因为工作，我会经常做"领导力"课程开发。但是我之前并没有这方面的知识储备，就想通过看书来弥补。于是我向一位资深咨询师求教，他向我推荐了《意义革命》这本书。

我打开豆瓣 App，查找了两方面的信息。

第一，书的简介。核心内容是"指导管理者更好地担负领导职责，找准核心关注点，激发员工的内驱力、价值观和责任感，让企业或组织成为成就感的来源，也让自己成为一个更有影响力和魅力的领导者"，这与我的阅读目标一致。

第二，书的评分。豆瓣显示是 8.8 分，这个分数着实不低，看了几个人的评论，都是高度赞美，例如："写得太好了，我觉得如果是只读一本领导力书籍的话，就读这一本。解决了我多年来面临的组织问题。有高度，也有落地方案，非常好！"

我又去网上找了作者简介：

加州大学伯克利分校经济学博士，现任谷歌副总裁和领导力发展顾问。曾任领英行政发展副总裁、Axialent 联合创始人，为包括微软、脸书、领英、谷歌、思科、通用汽车、克莱斯勒、壳牌、联合利华、可口可乐等公司的高管在内的两万多名高管做过领导力培训，深刻影响了包括里德·霍夫曼、谢丽尔·桑德伯格、陆奇在内的众多知名管理者。

可以得出结论：经济学博士，专业功底扎实；给很多大型企业上过课，有背书；自己也有高管经历，实践出真知。

综合以上探索，主题合适，作者合格，背调可靠，这本书适合购买。由于这些内容自己之前并不熟悉，所以也适合精读。表 3-3 即为我为这本书做的"面试表"。

表 3-3 《意义革命》"面试表"

序号	问 题	答 案
1	我要用这本书解决什么问题？	开发"领导力"课件
2	作者在这个主题下有没有相关的经历？	经济学博士，专业功底扎实；给很多大型企业上过课，有背书；自己也有高管经历，实践出真知
3	这本书的文字表达清晰吗？	先分析企业常见的管理难题，然后给出基于动力、文化的解决方案
4	他人对这本书的评价如何？	豆瓣 8.8 分

2. 把握图书的脉络

拿到书以后，我并没有马上开始正式阅读，而是先看目录、前言和每章开头，了解这本书到底讲了什么。

——第一部分，提出领导者经常面临的四个问题：员工消极怠工，员工不为企业工作，企业内部大家的信息零散、盲人摸象，领导者言行不一致。

——第二部分，提出五个实用的解决方案：找到员工的发展动力，明确企业文化，让员工从参与者角度思考问题，建立合作关系、解决冲突，领导者以身作则、言出必行。

——第三部分，回归领导者自身，提出四个更高级的解决方案：将团队目标放在个人成功之前，理解自己的使命，走上自我实现的英雄道路，帮助更多人。

有了这个脉络之后，我理解了书的逻辑，也知道了重心应该放在第一部分和第二部分，这样更能解决公司的实际问题。

3. 带着问题阅读

接下来就是一章一章地阅读。因为是精读，我不会刻意地加速，反而是每天只读一个章节，把它读懂读透。每晚开始之前，我会对照着目录和之前梳理的脉络，提出自己的疑问。比如在阅读《合作：升级而非对抗》一章前，我问了自己两个问题：

——为什么企业内部会出现冲突？

——如何解决冲突更有效？

接下来的阅读，就是寻找答案的过程。

4. 标注重点和添加笔记

在寻找答案的过程中，我会一边阅读，一边标注能解决答案的内容。比如：为什么企业内部会出现冲突？

（1）他拒绝做我需要他做的事。

（2）我们都倾向于看到弟兄（别人）的小瑕疵，却忽略了自己的大问题。

（3）每个人都是为了实现自己的 KPI 而工作的，所以他们会不顾整体，只优化他们的子系统。

（4）他们执着于自己的观点，以致把对方视为敌人，这导致了个人冲突、凝聚力的丧失和糟糕的决策。

这些内容看起来很零散，其实它们的核心是两个观点，于是我又在书的旁边做了以下批注：

（1）关注自己的目标而非他人的目标。

（2）觉得自己是对的而别人是错的。

另外，在阅读时，有一段我特别标注了出来：

在急诊室、灾难现场和战场上，分诊是在医疗资源有限的情况下，根据受伤者对立即治疗的需求进行分类的过程。为了最大限度地提升幸存者的人数，急救人员和医务人员会将受伤者分为三类：（1）无论得到什么样的治疗都有可能活下来的人；（2）不管得到什么样的治疗都不太可能活下来的人；（3）及时治疗对他们来说生死攸关的人。只有最后一组人能立即得到医疗救助。

之所以特别标注，是因为我之前开发过一个课件，叫《高效决策》，这一段内容刚好可以作为其中的案例。我把它标记出来，之后可以添加到课件里。

5. 整理逻辑架构

在阅读完这章以后，我梳理了一遍本章的内容，并在 iPad 上的软件 GoodNotes 里绘制了一张视觉笔记，如图 3-8 所示。

合作：升级而非对抗

WHY 为什么会产生冲突？

1 只关注自己的目标   **2** 觉得自己是对的

HOW 如何化解冲突？

Step1   找到更高目标（对双方都有益）

↓

Step2   陈述观点

① 我想要什么   ③ 它如何推动更高目标   可同时兼顾对对方的好处
② 用它实现什么   ④ 我为什么这么想   → 用数据、举例、论证
③ 希望对方（为）做什么   → 让对方体验（听众看到现场）

Step3.   欣赏式倾听   考虑对方性格、照顾对方情绪

① 不打断，保持冷静   ④ 提问：理解对方的推论，"可不可以这么理解……？"
② 身体动作：眼神交流、点头   ⑤ 承认其合理性
③ 口头动作：
   A.用好奇的口吻重述对方最后一句，引导继续说下去
   B.复述对方的观点
   C.鼓励对方继续说下去，"请继续"

Step4:   陈述观点

↓

Step5·   寻找折中方案

知4 {

Step6·   （共同）找管理者解决（但要退一步说）   见第三节

图 3-8 《合作：升级而非对抗》结构图

绘图过程中，因为要理解逻辑和手写文字，还要对重点进行颜色标注，于是在多种刺激下，对解决方案有了更深入的理解。

6. 检验学习效果

这之后，我合上书，站起来，一边在室内散步（算是放松一下身体），一边回忆这一章的主体内容，即回答之前提出的两个问题。如果有遗忘，就看一下绘制的视觉笔记。

7. 进行知识联想

我尝试回忆自己之前是否有过和他人的冲突，当时是怎么解决的，如果重做有没有更好的解决方案。

还真的有一例，是我和助理的一次沟通。当时我希望助理能够将我们过去的文章汇总起来，形成一个手册，但是他觉得文章都在公众号里，没有必要再汇总。最后我是强迫他去完成，虽然达成了目标，但是破坏了我们俩之间的关系。

这个问题跟书里提到的原因一样：

一我和他都只关注自己的利益，我希望有个成品手册，他希望减少工作量。

一我和他都觉得自己是对的，我觉得这么做可以让读者更有获得感，他觉得这么做多此一举。

如果回到对话的当时，重新来过，按照书里给出的流程，我会调整节奏：

第一，先找到一个更高的目标，对双方都好。比如我们都希望用户量增加，这对他来说是绩效考核点，对我来说则是运营公众号的一个关键目标。

第二，改进自己的表达方式，强调这件事对双方的好处，例如：

泽涛，我希望做一个文章汇总的合辑，以 PDF 形式呈现给读者，带来更多的用户关注。为什么这么说？我们之前也做过很多合辑，根据之前的经验，大家会乐于下载，并进行传播。而我们可以在里面植入公众号二维码，这样他们也会顺藤摸瓜关注我们的公众号。所以我希望你能梳理一下去年最受欢迎的 10 篇文章，然后整理成一个合辑，你觉得怎么样？

当思考到这里以后，我开始意识到自己一直以来的问题：总是习惯于发号施令，很少站在对方角度思考问题。而如果对方永远觉得自己是被操纵、被命令，便会逐渐丧失工作的积极性。这对整个团队十分不利。

有了这层联想和反思，知识便真的融入我的工作和生活中了。

8. 将内容表达出来

每周日晚上我和助理会开一个短会，沟通下周的安排。而在当周的会议上，我也把自己画的视觉笔记分享到群里，并讲解了自己的收获。

通过这次分享，我回顾了知识，也侧面表达了自己希望他们监督我的沟通方式，真正让学到的知识运用到工作之中。

以上便是一次精读的整个流程。

3.4

逻辑：用结构图整理图书的整体脉络

当我们读完书后，总会有一种感觉：好像都懂了，但似乎没有体系感。具体表现是：能说出其中一两个关键概念（或方法），但对于书的整体结构却感觉模糊。

什么是体系感？体系的核心是逻辑，如果我们能把书里的文字按照某种逻辑链接起来，那么这就具有了体系感。

对比下面两段文字，哪一个更容易让你产生体系感？

案例一：

领导，今天下午 A 公司过来拜访，来的有他们的总经理、副总经理，一共五人。我们这边会准备好会议室、茶歇、晚上就餐的饭店。我们已经给张总和李总发了信息，他们确认会参加会议。下午的流程表已经打印好，放您桌面了。您看还有没有问题？

案例二：

领导，关于今天下午 A 公司的拜访，有三件事向您确认：

（1）后勤准备：会议室、茶歇、晚上就餐饭店已经准备好，请问还需要准备其他的吗？

（2）参会人员：张总和李总确认参会，请问还需要邀请其他人吗？

（3）流程安排：已经打印好放您桌上，请问还需要修改吗？

相信你也会选择后者。后者的好处是用"总—分"的逻辑关系，说明了要领导确认的事情，在阅读的时候领导自然会更容易把握重点、做出决策。要把握一本书（或一个章节）的体系，就是完成"案例一"到"案例二"的转换。

怎么转换呢？有三个步骤。

第一步：回顾关键内容。在"旅行式读书法"里，我们已经通过"了解图书的基本框架"知道了书的大体架构，通过"标注重点和添加笔记"知道了内容层面的重点。它们就是我们接下来要绘制结构图的基本素材。

第二步：找到内容之间的关系。关键内容之间一定存在某种联系，有的是"总分"，有的是"对比"，还有的是"递进"，只要我们能找到它们之间的联系，接下来就能匹配对应的结构图。

第三步：绘制结构图。这方面的工具有很多，在电脑上可以用 PPT、Visio、思维导图软件绘制，在 iPad 上可以用 GoodNotes 或 Notability 绘制，当然也可以直接在白纸上绘制。重要的不是工具，而是把它画出来。

我们以前文的"案例一"为例：

第一步：回顾关键内容。它里面的关键内容有四个：事情要领导确认、后勤准备、参会人员、流程安排。

第二步：找到内容之间的关系。四个内容是总分关系，领导要确认三件事，分别是后勤准备、参会人员、流程安排。

第三步：绘制结构图。这里我们用思维导图软件 MindNode 绘制，如图 3-9 所示。

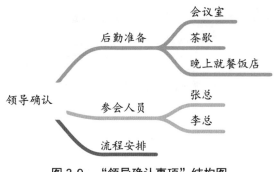

图 3-9　"领导确认事项"结构图

在制作结构图时，第二步和第三步是难点。为了帮助大家攻破这两个难点，我把常见的 10 种逻辑关系列举出来（如图 3-10 所示），大家之后遇到难点时，可以对照绘制。

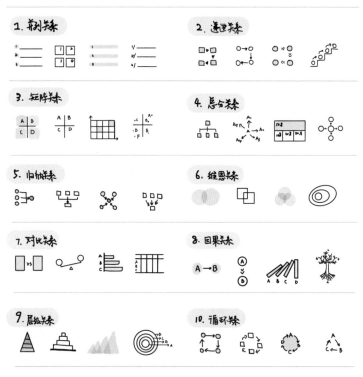

图 3-10　常见的 10 种逻辑关系

3.4.1 并列关系

各个模块在重要性上差不多相等的一种逻辑关系。比如营销管理的 4P，每一个 P 的重要性差不多，那么它们就是并列关系。再比如，"重要的事情必须时刻把握，不重要的事情尽量分派出去"，这也是并列关系。

在瑞·达利欧的著作《原则》一书中，一条条原则便是以并列关系呈现：

（1）做一个超级现实的人。

（2）真相（或者更准确地说，对现实的准确理解）是任何良好结果的根本依据。

（3）做到头脑极度开放、极度透明。

（4）观察自然，学习现实规律。

（5）进化是生命最大的成就和最大的回报。

（6）理解自然提供的现实教训。

（7）痛苦 + 反思 = 进步。

（8）考虑后续与再后续的结果。

（9）接受结果。

（10）从更高的层次俯视机器。

……

我们日常写的清单也是并列关系，如图 3-11 所示。

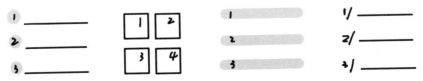

1. 看完《孤独文讲》　　2. 打扫卫生

3. 洗衣服　　4. 写书稿第三章第一节

5. 和 John 吃晚饭　　6. 健身 30min

图 3-11　清单

如果确定逻辑是并列关系，那么可以按照图 3-12 绘制。

图 3-12　并列关系结构图

3.4.2 递进关系

各个模块存在顺序先后的逻辑关系。比如春夏秋冬，这是时间先后；"人生三境界是看见、看清、看破"，这是程度上的先后。

图 3-13 展示的是"人的认知路径"，对应的逻辑关系是程度上的递进关系，即人的认知会经历三个过程，先是信息输入，然后进行认知（分析信息、理解信息），之后采取行动。

图 3-13　人的认知路径

如果确定逻辑是递进关系，那么可以按照图 3-14 进行绘制。

图 3-14　递进关系结构图

在递进关系里，时间先后关系是出现比较频繁的一类，最经典的案例就是余光中的《乡愁》，用"小时候""长大后""后来啊""而现在"串联起整首诗歌。

乡愁（余光中）

小时候，乡愁是一枚小小的邮票，我在这头，母亲在那头。

长大后，乡愁是一张窄窄的船票，我在这头，新娘在那头。

后来啊，乡愁是一方矮矮的坟墓，我在外头，母亲在里头。

而现在，乡愁是一湾浅浅的海峡，我在这头，大陆在那头。

图 3-15 展示的是项目全流程中人的情绪演变过程，即时间先后关系：刚开始很有信心，然后会开始焦虑，到中途的时候感觉自己不行了，接下来柳暗花明，最后终于完成。

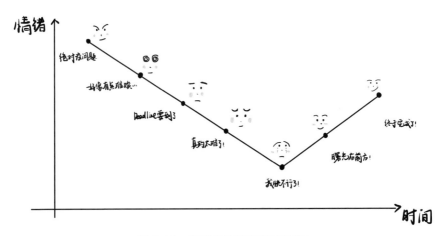

图 3-15　项目全流程情绪演变图

如果确定它是时间先后关系，可以按照图 3-16 进行绘制。

图 3-16　时间先后关系结构图

3.4.3　矩阵关系

将各模块内容通过横纵坐标轴进行区分的一种逻辑关系。我们可以将两个指标放在一张有横纵坐标轴的图上，线的两边分别代表该指标的两个极端。

我们可以在很多方法论工具上看到这种逻辑关系，比如 DISC 模型（如前文的图 1-2），它就是按照"关注事—关注人"和"外向—内向"两个坐标轴，将性格分为不同的类型。

如果确定逻辑是矩阵关系，那么可以按照图 3-17 进行绘制。

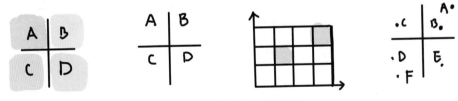

图 3-17　矩阵关系结构图

3.4.4　总分关系

先说明结论或一个大类，然后说明论点或小类的逻辑关系。先对内容进行总结说明，再分别从不同方向展开。这是我们写文章时最经常用到的表达方式。同时，它也基本上是所有图书写作的基本框架。比如本书就先提出"高效学习的四种方法"，然后具体分析每种方法应该如何使用，这就用到了总分式结构。

图 3-18 展示的是 5W1H 的总分关系，其中"总"是 5W1H，"分"是每个英文字母对应的内容：Why（为什么）、Who（谁）、What（是什么）、When（什么时候）、Where（在哪里）、How（如何 / 怎么样）。

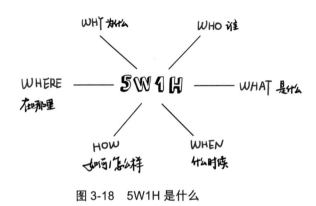

图 3-18　5W1H 是什么

如果确定逻辑是总分关系，那么可以按照图 3-19 进行绘制。

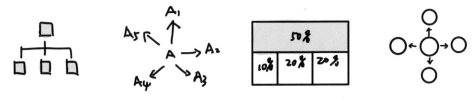

图 3-19　总分关系结构图

另外，"占比"也算广义上的总分关系，它其实就是把总的拆分为多个板块，然后具体介绍每个板块的情况。例如标准普尔家庭资产比例图（见图 3-20），就是将家庭资产分为四个模块进行管理：10% 是要花的钱；20% 是保命的钱；40% 是保值升值的钱；30% 是生钱的钱。

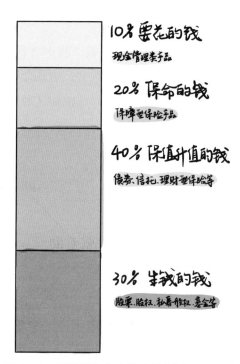

图 3-20　标准普尔家庭资产比例图

3.4.5 归纳关系

先说分论点或子类别，再说结论或大类别的逻辑关系。它跟总分关系刚好相反。比如有些书的结构是先说个案，然后归纳出共同点。

图 3-21 展示的是多人阅读习惯的归纳关系：归纳 A、B、C 三人的阅读习惯，找到他们共同的特点，即优秀的人看完书以后会花时间消化内容。

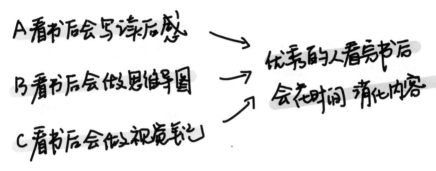

图 3-21　A、B、C 三人的阅读习惯

如果确定逻辑是归纳关系，那么可以按照图 3-22 进行绘制。

图 3-22　归纳关系结构图

3.4.6 维恩关系

这是表达两个或多个主体存在交集的一种逻辑关系。比如，你喜欢吃川菜和粤菜，我喜欢吃鲁菜和川菜，那么我们的交集就是川菜。它的呈现形式我们都不陌生。

图 3-23 展示的是做成事的条件，它必须是规范（我们做事的限制因素）、意向（我们的意愿）和材料（能力和资源）三者的交集（即同时满足）。

如何才能做成一件事？

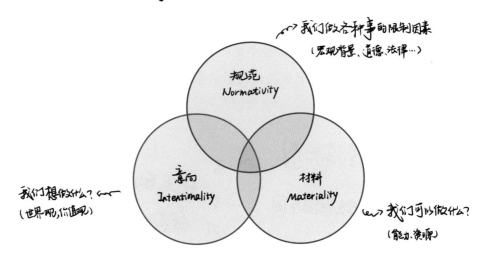

图 3-23 如何才能做成一件事

如果确定逻辑是维恩关系，那么可以按照图 3-24 绘制。

图 3-24 维恩关系结构图

3.4.7 对比关系

将两个或多个内容进行对比的关系。通过对比，我们可以发现差距、不足或改变的思路。

图 3-25 展示的是将工作拆分前和拆分后的对比情况：在不进行工作拆分的情况下，事情不知道如何下手；进行拆分后，更容易找到突破口。

将工作进行拆分

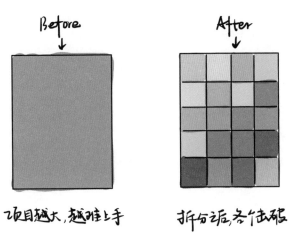

图 3-25　将工作进行拆分

如果对比的主体、指标较多，那么我们可以考虑用表格的形式展开。比如 A、B、C 三家企业的财务对比（见图 3-26）。

对比维	总资产	净资产	净利润
A企业	50	3	1
B企业	100	15	2
C企业	30	10	5

单位：亿元.

图 3-26　A、B、C 三家企业财务对比

如果确定逻辑是对比关系，那么可以按照图 3-27 进行绘制。

图 3-27　对比关系结构图

3.4.8　因果关系

　　一个事件（即"因"）和另一个事件（即"果"）之间的作用关系的逻辑关系，其中后一事件被认为是前一事件的结果。一般来说，"因"在时间上肯定是在"果"之前，但是并不一定时间在前就一定是"因"。举个例子，一个员工今天上午吃了饭，然后递交了辞职信，我们肯定不能说"这顿饭"就是他辞职的原因。

　　如果确定逻辑是因果关系，那么可以按照图3-28进行绘制。

图 3-28　因果关系结构图

3.4.9　层级关系

　　按照一定层级说明每个阶段重点的逻辑关系。比如我们熟悉的"马斯洛需求层次"，它将我们的需求分为生理、安全、归属、尊重和自我实现。越往上走，层次越高。

　　图3-29展示的是"领导的五重境界"——靠职位、靠认同、靠贡献、靠育人、靠使命，这也是层级关系，越往上走，境界越高，领导效果越好。

如果确定逻辑是层级关系，那么可以按照图 3-30 进行绘制。

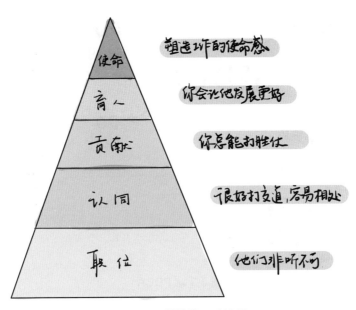

图 3-29　领导的五重境界

   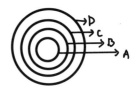

图 3-30　层级关系结构图

3.4.10　循环关系

即形成闭环的逻辑关系。比如我们日常的工作就是一种循环：开早会，上班，开晚会，第二天又开早会……

图 3-31 展示的是 PDCA，即我们做事情的过程：先做计划（Plan），然后执行（Do），接下来检查并找到问题（Check），之后复盘总结和改进（Action），之后做下一次计划（Plan），如此往复。

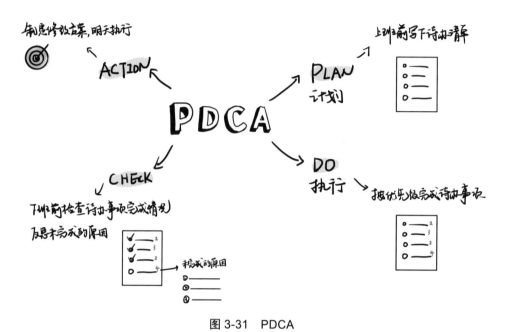

图 3-31　PDCA

如果确定逻辑是循环关系，那么可以按照图 3-32 进行绘制。

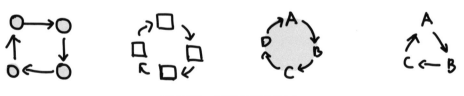

图 3-32　循环关系结构图

3.5

记忆：提升阅读效果的 10 个建议

前面我们介绍了速读和精读的方法，这一节我们探讨一个学习中的难题：如何更好地记住知识。上一节提到的绘制结构图是一个方法，接下来会提供另外 10 个有用的建议。

3.5.1　回顾法

想必在读书时，大家就接触过艾宾浩斯曲线，它的核心理论是：遗忘在学习之后立即开始，而且遗忘进程并不是均匀的，最初遗忘速度很快，以后逐渐缓慢。按照这个理论，要牢记某个知识，需要在学习完第 5 分钟后、30 分钟后、12 小时后、1 天后、2 天后、4 天后、7 天后、15 天后各温习一次。

在具体使用时，倒不一定要如此频繁地温习，我们只要把握它的核心：回顾，即无论当下记得多么牢靠，如果不回顾，也会容易忘记。所以，看书后的第二天，不妨花点时间，对照自己标注的重点，回忆一下书里的关键内容，这样记忆便会更加深刻。

3.5.2　图片法

人是视觉动物，同样的内容，文字会让人感觉枯燥，图片则经常让人感觉轻松。试着阅读下面这段话，你的感受是什么？

在我们做决策时，既要看树木，也要看森林。我们很容易陷入这样的困局：去年做了，所以今年也这么做。但问题是，环境变了，企业的目标变了，我们的工作方向肯定也要跟着改变。所以，我们要看到大环境的变化，然后再来思考自己的决策。在这里，大环境就是森林，我们的决策就是树木，只有顺应大势，才不会"长歪"。

想必看完这一百多字，多少会有点心累。但如果先给出下面这张图（见图 3-33），再阅读，是不是更容易理解？

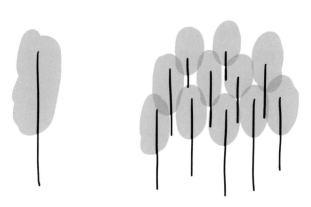

图 3-33　既要看树木，也要看森林

所以，为了帮助自己记忆，可以在阅读一段内容后，给自己一个任务：能不能用一张图片来表达书里的内容？一旦我们能找到合适的配图，那么每次我们尝试回忆某个概念时，就会多一个有效的线索。

3.5.3　场景法

职场学习与应试学习的一大差异，就是应试学习讲究准确记忆，职场学习讲究应用。我们学习时间管理，如果目标是应试，那重点就是记住对应的概念、时间管理的四象限（重要紧急、重要不紧急、紧急不重要、不重要不紧急）、时间管理的步骤等；如果目标是职场应用，那么我们就需要明确在不同场景应该怎么提升效率：

—在家学习时如何有效利用时间

—在公司上班时如何有效利用时间

—在上班途中如何有效利用时间

一旦场景清晰，那么对应的内容便能更好地嵌入日常工作和生活，同时我们更容易在面对特定场景时回忆起学习的内容。

3.5.4 延伸法

这是大一学思修课时，老师分享的绝招：在阅读 A 书时，如果作者有提及另一本书 B，就记录下来，下一本就看 B；在看 B 时，如果提及 C，接下来就看 C……这样做的好处有两个。

（1）不断回顾。因为大多数书或文献的新知并不太多，更多的都是在重复通用的内容，所以阅读重复内容其实也是在回顾之前学过的内容。

（2）形成体系。围绕一个主题不断延伸，可以帮助我们更好地理解这个体系，帮助我们成为这个主题的专家。

比如，我的一个阅读主题是"高效学习"，要阅读大量关于学习的书籍和文献。我发现每本书都会讲到读书的技巧，而且内容类似，看到第三本时，就基本上能背下来了；而每本的侧重点不同，有的偏重于心理学研究，有的偏重于具体实践，这些拼图最后就组成了一套体系。

3.5.5 缩写法

对于关键的概念，我们可以试着找到它们的一些表达规律，然后设计缩写来帮助记忆。比如营销里的 4P，对应的就是 Product（产品）、Price（价格）、Place（地点）、Promotion（促销）。

常用的缩写方法有两类：数字法和首字母法。

—数字法案例：例如紧盯"一个核心"，推进"三大战役"。

—首字母法案例：例如辅导他人的 GROW 模型：G—Goal（目标），R—RealityCheck（现状），O—Options（方法），W—Will（意愿）。

3.5.6 抄写法

有一些特别重要的内容，我们可以写在便利贴上，然后粘贴在我们经常看见的地方，这样看得多了，也会更容易记忆。

比如，看完《怎样写文章》一书后，我把它的核心观点写在了便利贴上，

并贴在电脑旁的纸巾盒上,这样每次写文章前都会看一眼,警示自己要特别重视:

(1)义理:文章要有逻辑。

(2)考据:引用的内容要准确。

(3)辞章:要重视文笔。

3.5.7　运用法

学以致用是学习的目的,也是记忆的最好途径。因为在使用的时候,我们既对知识进行了复习,又加深了对场景的感受。更重要的是,在使用过程中我们可以验证它的适配性,毕竟好的知识不一定完全适合自己的工作和生活环境。所以,如果可以,建议学到一个知识后马上使用。

例如,在学习完赞美的法则——"具体""比较"和"期望"后,第二天我直接用到了和他人的沟通上:昨天的报告写得不错,摘要简明扼要,论述里也有具体的数据,跟之前比有很大的提升,再接再厉!

3.5.8　导图法

思维导图是表达发散性思维的有效图形思维工具。每一个节点代表与中心主题的一个联结,而每一个联结又可以成为另一个中心主题,再向外发散出成千上万的节点,呈现出放射性立体结构。思维导图的好处是:可以快速得到一本书的整体结构,而且是在一张页面上。这意味着,我们可以对一本书有一个体系的认知。

制作思维导图的方式有很多,可以手绘,也可以使用电脑软件,如 XMind、幕布等。

3.5.9　感官法

如果一本书内容实在太难,看不下去也记不住,那么可以考虑多感官刺激自己。比如:

一念出来，虽然这会降低阅读速度，但总比关掉书本更好。

一在网上找到可收听的电子书版本，收听这本书的朗读版，而不只是看。

一在纸上写下关键词句，通过触觉来加强信息的获取强度。

3.5.10 分享法

如果你想吃透一个知识或概念，最好的方法就是把它分享给他人。因为这是一个非常综合的方法，它可以用到上面提到的多个技巧。

一你会主动回顾内容（回顾法）。毕竟要讲给他人听，自然要熟悉内容。

一你会阅读相关材料（延伸法）。因为如果准备不充分，被现场打脸，还蛮疼的。

一你会有多感官刺激（感官法）。因为教学过程中，你会把知识"说出来"。

一你甚至会用图片表达内容（图片法）。为了让他人更好理解，你可能会做 PPT，并配上合适的图片。

一你会梳理清楚结构（导图法）。可能会用到思维导图，如果自己都不清楚架构，怎么能说得清楚？

一将知识与场景连接（场景法）。你需要补充一些案例，这样才说得清楚，所以在准备时，你将知识与场景进行了深入连接。

除此之外，在这个过程中，你还会跟他人讨论，他们会提问，你要回答，这又让你更深入地理解了知识，并且延伸出更多的使用场景和解决问题的思路。

3.6

笔记：如何做笔记更有效

3.6.1 如何在书上做笔记？

阅读时手上一定要拿着笔，这么做有三个好处：一是让我们看书时更聚焦，二是标注时可以让我们再回顾一遍关键内容，三是标注后的内容也简化了我们后期回顾的压力（重点清晰自然看得更容易）。

但是，我们经常会面临一个问题：标注了很多内容，但后期查看时因为都是用下划线来突出，也不清楚哪些是最重要的、哪些是次重要的。要解决这个问题，我们就需要建立一套自己的标注系统。

图 3-34 是我的标注系统。在阅读时，我的身边会有三支颜色不同的笔，它们起着不同的作用：

——黑笔：用来在空白处记录阅读感受。

——红笔：标注最重要的内容，例如总结句、核心知识点、跟自己相关的内容。

——蓝笔：标注次重要的内容，例如对总结句的解释、带来思考的金句等。

另外，还有两类信息我会特别标注出来：

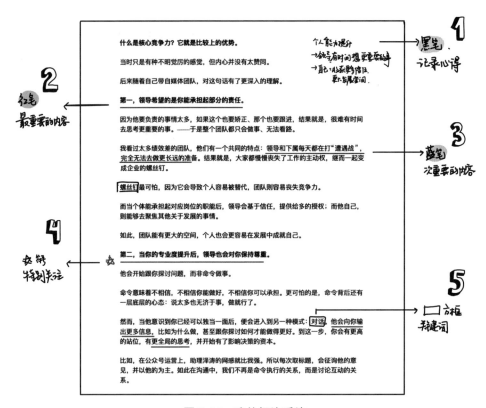

图 3-34 我的标注系统

一用"符号"突出需要特别关注的内容，它的作用是告诉自己：即使其他段落不看，也要看这句话。

一用"方框"突出关键词，即一些能简明扼要地说明主要内容的词语。

当然，你也可以设计自己的标注系统，记住下面这两个核心原则。

（1）不要使用太多符号。之前曾看到有人用了十多种符号来标注内容，结果笔记做了一半，自己都不知道应该使用哪种符号。

（2）不要标记太多内容。标记的目的是为了突出重点，如果到处都是重点，那就没有了重点。这里有个诀窍：不要边看边标记，而是看完一个段落后再标记。当你已经对段落有所理解后，更容易找到最重要的词句。

最后还有一个小技巧：如果你担心在书上做标注时写错字或画错线，可以考虑购买可擦笔。

3.6.2　如何在纸质笔记本上做笔记？

有很多朋友习惯于在纸质笔记本上做笔记，这样的好处有两个：一是能把核心内容都呈现到一起，方便之后复习；二是不用把书涂乱，保证书的美观。

在本子上做笔记，推荐康奈尔笔记法。该方法由康奈尔大学的 Walter Pauk 博士发明，广泛运用于上课、读书、复习、记忆、会议记录等场景。它的核心是让笔记页面模块化和系统化，继而帮助我们更有效率地梳理内容。具体操作如下所述。

1. 建立三大分区

打开笔记本，我们可以将它分割出三个区域，如图 3-35 所示：第一个区域是笔记区，也就是记录阅读时的重点；第二个区域是线索区，一般是针对笔记的一系列提问；第三个区域是总结区，即用几句话提炼核心内容。

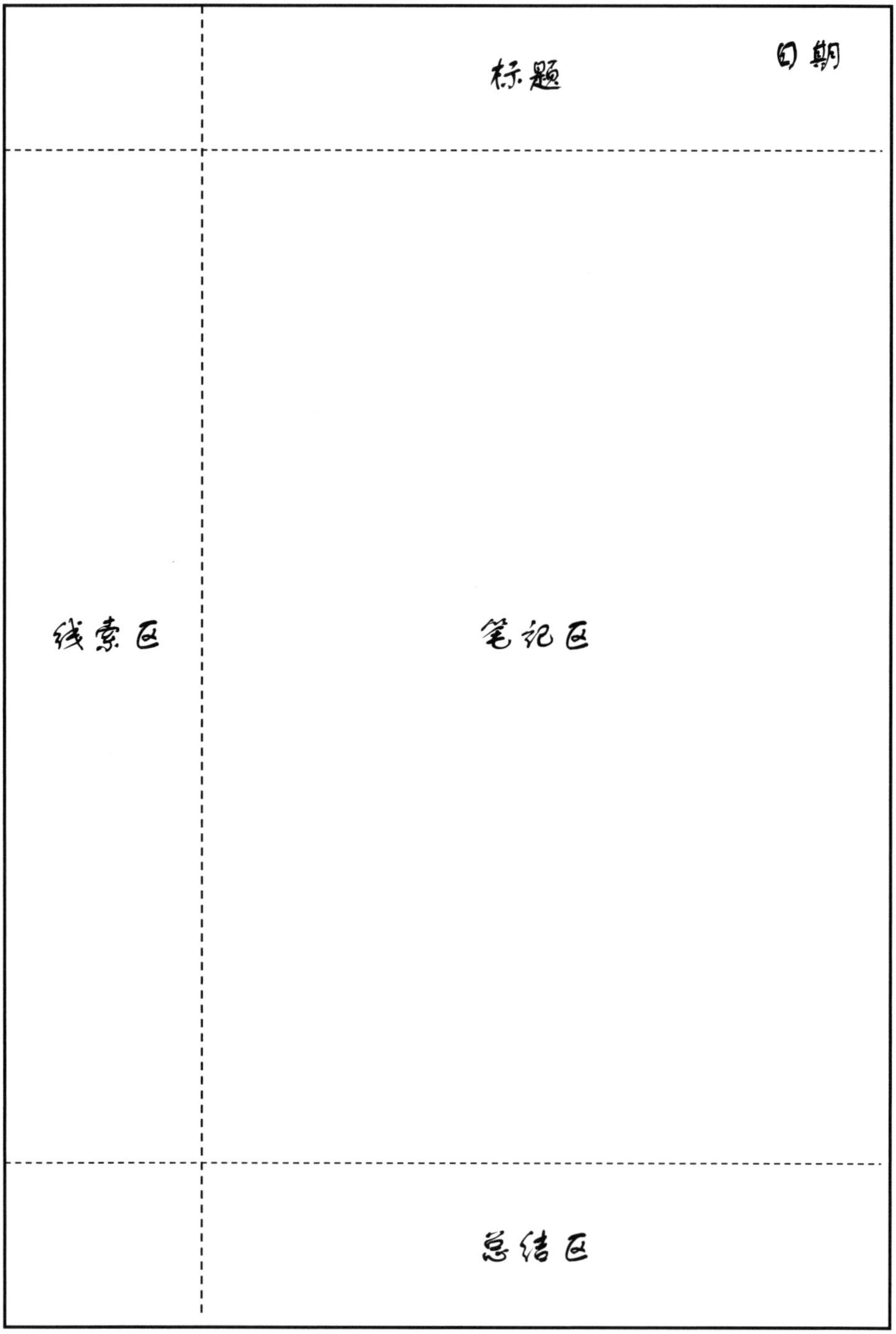

标题　　　　　　　　　　　　　　　日期

线索区　　　　　　　　　　　笔记区

总结区

图 3-35　康奈尔笔记分区

2.利用三大分区制作笔记

（1）记录。看书过程中，在"笔记区"里，用简练的语句记录书里的核心内容。

（2）提问。看完一部分（比如一个章节）后，在"线索区"里提出对应的问题。写问题有助于归纳核心观点，并加强记忆。如果是学生，这也有助于以后应试。

（3）复述。用纸覆盖住笔记内容，只看左边的"线索区"。然后用自己的语言，复述书里讲的内容。

（4）总结。记录完一页后，在"总结区"写下总结，即这一页的主要观点。

（5）回顾。每周至少花10分钟回顾你之前的笔记。这样你会容易记住这些内容。当然，如果有考试，也会让你更如鱼得水。

3.使用建议

看到这里，想必你已经大概清楚了康奈尔笔记法的逻辑。在具体使用中，我还有两个建议。

建议一：线索栏不一样要提问，也可以提炼要点。

官方对"线索区"的建议是用来提问，但实际运用中，我更偏好于提炼要点。因为目的都一样：能够借助它来回顾主体内容。比如有一段内容是关于"体验设计的方法"，那么既可以写成"如何设计体验设计"，也可以写成"体验设计4步法"。两者都可以作为"线索"，指引我们思考"体验设计应该怎么做"。

建议二：用清单的方式写笔记。

在看书或听讲座时，有时候内容架构并不是那么清晰。这时候可以考虑在"笔记区"里采用"123456"的清单式记录，后续再在"线索区"里标注出模块，如图3-36所示。

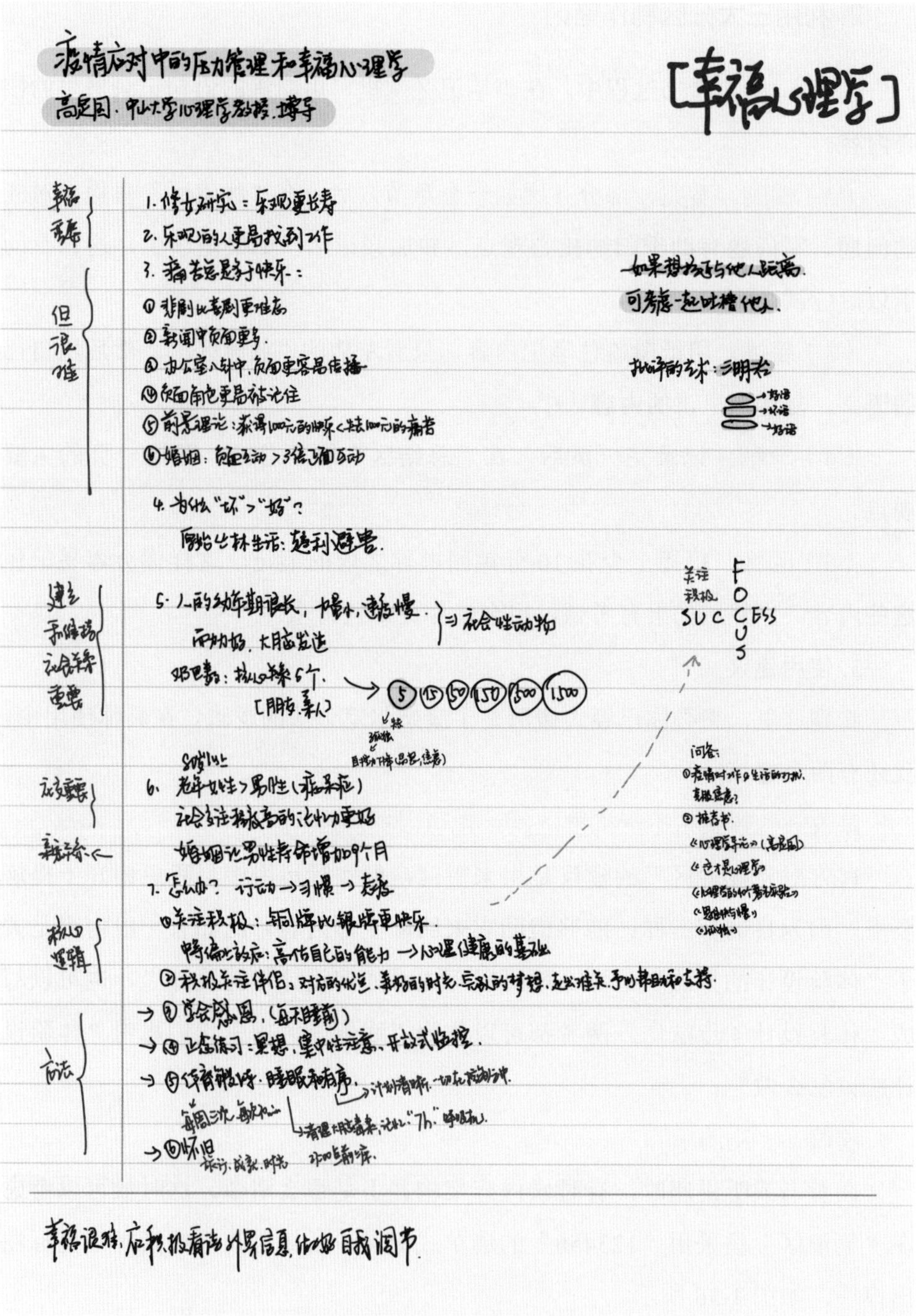

图 3-36　《疫情应对中的压力管理和幸福心理学》笔记

3.6.3 如何用思维导图做笔记?

思维导图是一个工具，用来展示一个主题下的整个体系。它最大的好处是，我们可以在一页纸内呈现出整本书的核心内容。这意味着，之后复习会更加简单。比如在学完《关键对话》后，我将整个内容浓缩到一页思维导图（见图 3-37）里，日后复习只对照着阅读即可。

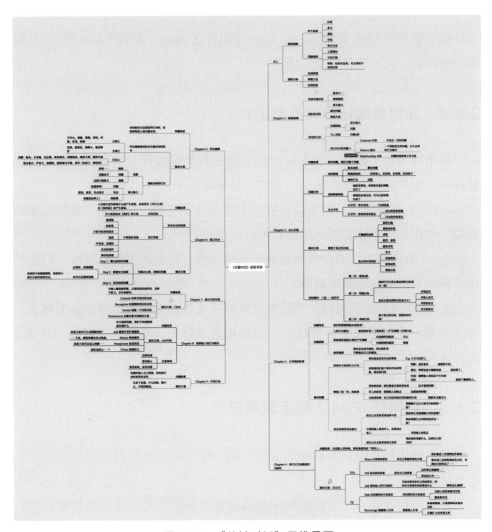

图 3-37　《关键对话》思维导图

完成一份读书笔记思维导图，其实就是基于书的目录来不断展开里面的内容。

（1）书名就是中心主题。

（2）每一章的名字是二级主题。

（3）章内的每个模块是三级主题。

（4）模块内的关键知识点是四级主题。

（5）以此类推。

相关的制作软件有很多，比较出名的有 XMind、幕布、MindNode，基础功能类似，大家选择一个使用即可。

3.6.4　如何用笔记软件做笔记？

如果你习惯于敲字，那么可以用笔记软件来完成读书笔记。常见的笔记软件有印象笔记和有道云笔记。它们的好处有三个：

（1）多平台同步。两个软件支持全平台（手机端、平板端、电脑端和网页端）操作，这意味着随时随地都可以做笔记。

（2）模板丰富。两个软件内嵌了很多模板，比如读书笔记模板、日程管理模板，可以非常方便地调用。

（3）适合做知识管理。笔记软件里有丰富的检索体系，例如标签体系、目录体系，我们可以在其中建立一套知识管理体系（具体方法我们会在第 8 章详述）。

3.6.5　如何在 iPad 上做手写笔记？

现在越来越多的朋友都买了 iPad，也习惯于在它上面做笔记。这有三个好处：

第一，存储更方便。自动同步云端存储，这意味着多年之后也能找到。而纸质的笔记本很容易丢失，而且随着时间流逝，也会泛黄或缺损。

第二，调整更方便。在 iPad 上写错了可以直接擦掉，而在纸上做笔记，写错了划掉或涂掉就很难看。

第三，检索更容易。很多笔记软件都支持搜索文字，这意味着以后再查找做过的某个主题的笔记，会更加容易。

那么具体使用哪个软件呢？个人推荐 GoodNotes。

第一，功能齐全。对比了所有的笔记软件，GoodNotes 的功能算是最齐全的。例如三种样式的笔、套索、插入图片、插入文本框、绘制形状等，基本满足做笔记的所有需求，如图 3-38 所示。

图 3-38　GoodNotes 功能一览

第二，模板丰富。例如上一节提到的康奈尔笔记法，在 GoodNotes 里就有对应的模板，拿来即用，不用再自己去画线了。

第三，检索方便。直接搜索写过的文字，可以轻松识别出我们的手写体，这对于写完之后的查找非常有帮助。

本书大部分配图，都是在 GoodNotes 里完成的，大家如果手上刚好有一台 iPad，不妨下载使用。

3.6.6 如何在 iPad 上做视觉笔记？

相信大家看了本书，都会很好奇配图的视觉笔记是如何完成的。软件方面，可以用 GoodNotes。具体操作上，一共有四个步骤。

第一步：记录重点内容。也就是把书里的重点内容记录下来，可以是在书上标注，可以是在纸质本子上写下来，也可以是在思维导图、笔记软件里写。

例如，在看《营销管理》时，我会记录营销的四个关键指标，即 4P。我记录的重点内容就是：

—产品（Product）：注重开发功能，要求产品有独特的卖点，把产品功能诉求放在第一位。

—价格（Price）：根据不同的市场定位，制定不同的价格策略，产品定价依据是企业的品牌战略，注重品牌含金量。

—渠道（Place）：企业并不直接面对消费者，而是注重经销商的培育和销售网络的建立，企业与消费者的联系是通过分销商来实现的。

—宣传（Promotion）：包括品牌宣传（广告）、公关、促销等一系列营销行为。

第二步：提炼核心内容。视觉笔记呈现的内容不能太多，否则看起来很乱。所以我们要将重点再次提炼，形成一些关键词或关键句。

例如，我会把上文中 4P 的内容进行缩减，得到以下文字：

—产品（Product）：独特卖点。

—价格（Price）：定位→价格策略。

—渠道（Place）：经销商 / 销售网络。

—宣传（Promotion）：广告 / 公关 / 促销。

第三步：重新组织内容。这就要用到第四节里绘制"结构图"的方法，即找到内容之间的关系。

例如，分析 4P 的内容，它属于并列结构，于是我就可以绘制出对应的结构图，如图 3-39 所示。

图 3-39　4P 的结构图

第四步：可视化内容。最后，我们要加一些可视化元素，让页面更加"活泼"。常见的元素有：

—图示。用图形来表达抽象的概念，比如用五角星来表达"重点"，用奖牌来表达"成功"。如图 3-40 所示。

—颜色。给不同层次的内容标注不同的颜色，比如大标题用浅绿色，小标题用黑色，这样他人可以通过颜色判断内容的层次。

—字号。不同层次的内容用不同大小的文字表达，大标题字大一点，小标题字小一点。

—人像。如果主题涉及"沟通""领导"等，可以考虑增加人像，这样便可以让画面更有活力。

笔记常用配图

图 3-40　视觉笔记常见配图

例如，针对第三步的视觉笔记过程稿，我做了三个处理，如图 3-41 所示。

一给每个 P 增加了一个图示。用"靶子"来指代"产品"，即要找准卖点；用"金钱"来指代"价格"，这个比较直观；用"金字塔"来指代"渠道"，即建立多层级的渠道网络；用"大脑"来指代"宣传"，即要让宣传的效果在消费者头脑中留下印象。

一给不同层次的内容增加背景色。比如标题用浅绿色，核心内容用灰色，这样一眼看过去层次马上可以区分开来。

一给不同的内容调整字号。比如标题字大一点，核心内容字小一点，这也起到了区分层次的作用。

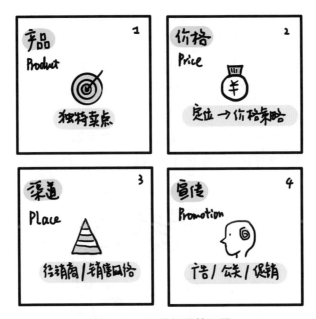

图 3-41 4P 的视觉笔记图

在具体设计上，还有三个建议。

（1）颜色不要太多。一般来说，一个主色加上一个灰色就行了。我大多数时候就用绿色加灰色。如果要表达的内容很多，那么最多不要超过三种颜色，否则容易乱。

（2）颜色浅一点。不要用大红大绿这类颜色，它们会"喧宾夺主"，让人忽视了内容，注意力被颜色占领。

（3）文字不要太多。就像前文提到的，文字太多，反而会产生阅读压力。视觉笔记就是要"重点清晰"，它像一张地图，让你看了就能知道主题是什么。

3.7

《沟通的方法》视觉笔记

2021 年，我买了一本书 ——《沟通的方法》，作者是得到 App 的 CEO "脱不花"。在阅读这本书的时候，整体感觉就一个词：实用。因为里面大多数方法都可以快速地套用到自己的工作场景中。

为了方便自己日后查阅，我用 iPad 的软件 GoodNotes，给每个篇章做了一张视觉笔记。这样，之后当我想回顾时，只看这几页笔记即可，而不用再翻阅 350 页的书。

这套视觉笔记我使用了不同的排版方法，大家如果也有类似的绘制需求，可以直接参考版式进行设计，如图 3-42（a）～图 3-42（g）所示。

（a）

图 3-42（a）～图 3-42（g）　《沟通的方法》视觉笔记

《沟通的方法》（脱不花）.

PART 1. 从倾听到沟通

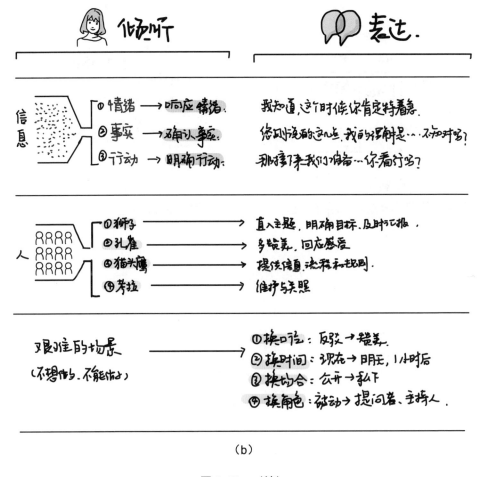

倾听

信息
① 情绪 → 响应 情绪.
② 事实 → 确认 事实.
③ 行动 → 明确 行动.

表达.

我知道，这个时候你肯定特着急.
您刚说的这几点，我的理解是…不知对吗？
那接下来我们准备…你看行吗？

人
① 狮子 ──────→ 直入主题，明确目标，及时汇报.
② 孔雀 ──────→ 多赞美，回应感受.
③ 猫头鹰 ──────→ 提供信息，流程和规则.
④ 考拉 ──────→ 维护关系.

艰难的场景
（不想做的，不能做的）
──────→
① 换口径：反驳 → 赞美.
② 换时间：现在 → 明天，1小时后.
③ 换场合：公开 → 私下.
④ 换角色：被动 → 提问者、主持人.

(b)

图 3-42　（续）

《沟通的方法》（脱不花）.

PART 2 沟通的源则

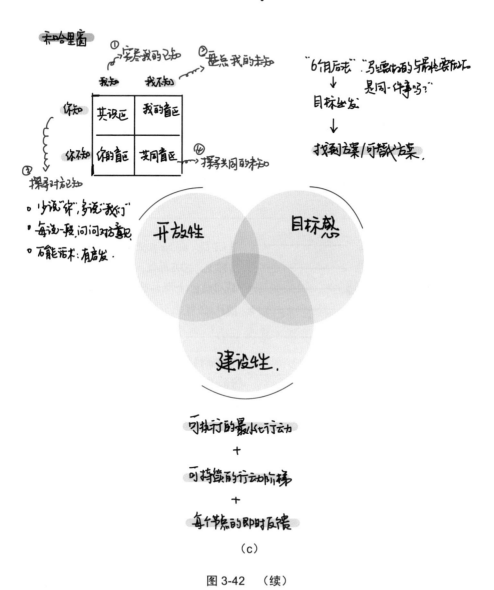

乔哈里窗

① 宣告我的已知　② 暴露我的未知

　　　我知　我不知

你知　共识区　我的盲区

你不知　你的盲区　共同盲区　④ 探寻共同的未知

③ 探寻你的已知

· 少说"你"，多说"我们"
· 每说一段，问问对方意见.
· 石能而术：有启发.

"6个后玩"：另一个的另外类要而玩，是同一件事吗？

↓

目标出发

↓

找到方案/可替代方案.

开放性　　目标感

建设性.

可执行的最小行动力

＋

可持续的行动阶梯

＋

每个节点的即时反馈

（c）

图 3-42　（续）

《沟通的方法》（脱不花）

PART 3 让人如沐春风

1 破冰 通过给对方营造亲切感，让自己更快赢得信任，消除距离感。

[陌生人]
- ① 双线卡位
  - 同校
  - 同形
  - 同圈
  - 同伴
  - 我很难
- ② 展现关切
  - 主动了解对方信息
- ③ 营造掌控
  - 电话手码
  - 提到的书/电影
  - 私藏饭店
- ④ 破冰第二天
  - 朋友圈评论
  - 反馈前一天的交流

2 赞美 我看见你，我看见你的好，我看见你跟别人不一样了。

[所有人]
- ① 打追光
  - 发现美好（和他所在的时间）
  - 照亮行动
- ② 轻轻地
  - 简洁
- ③ 深深地
  - 你的优秀是怎么做到
- ④ 亮亮地
  - 传递去赞美
- ⑤ 回应赞美
  - 谢谢+开放式传递

3 激励 让某次优秀的动作得以延续。

[下属]
- ① 及时赞美
  - "你做得真好"
- ② 行为建模
  - "你是怎么做到的"
- ③ 反馈闭环
  - "你做得真好，我的启发是…"

4 说服 让对方觉得我们是一伙的，我的目标就是他的目标

[平级+向上+用户]
- ① 说话有力量
  - 他在意什么 + 最佳实践 + 具体行动
    - ① 对标
    - ② 一流
    - ③ DEMO
- ② 拆穿心理防线
  - 吹风 + 慢熟
    - （提前）（之后不断根据属事调整）
- ③ 他吧，可视化

5 辅导 教行动方法，不教价值观。

[下属]
- ① 植目标
  - （他想学的下） 一他在学的
- ② 发现盲区
  - 你讲我看 我做你评
  - [要以对方不懂为依据]
- ③ 实战演练
  - [复盘]

6 安慰 感受他人之感受，并让对方心里好受些。

[亲人之外的所处]
- ① 轻度介入
  - "需要我做什么，随时说。"
- ② 提供支持
  - 资源 · 情谊 · 经验

(d)

图 3-42 （续）

《沟通的方法》（脑不花）

PART 4 冲突场景的沟通

1 批评

刷新信息与认知，把错误的行为覆盖．
让新的局面呈现．

① 控制环境　1对1．单一时间

② 定义问题．　开门见山＋"发生什么了？"＋
　　　　　　　"你怎么看这事"＋"你用了哪些方法"＋"还有吗"

③ 刷新动作　具体动作建议．

④ 设定反馈　"两周后我们再碰一下"．

⑤ 完成重启．　"你说说，接下来你希望怎么做？"

2 提意见 ⇒ 提建议

先发展关系．
再解决问题．

① 事前征求同意　

A. 口事实（客观且描述性的）　口情绪　（一个目标）口目标

B. "我对这件事有点建议，你想听一下吗？"

② 定义双方关系．

③ 提出具体建议．

3 绩效面谈

不是揪着错误不放
而是打开未来．

① 营造正式感．

A. 时间上．提前预约，给出一些时间让他准备．

B. 空间上．独立．不受干扰．封闭．

C. 话语上．敬语

D. 话语上．领导将考核结果，未来发展方向，
　　　　　　员工需要解决的问题．

② 搭框架
　A. 看大局　B. 看对标

③ 让对方发展

4 主持会议

不同成员碰撞一起，
就讨论的议题达成共识．

① 行为设计．

A. 设计场地．　B. 设计时间．

C. 设计环境．　D. 设计规则

② 全程推动

A. 会前：积极驱动．

B. 开场：确定规则（目标，时长，顺序）

C. 会中：主动干预．冷场时，大家写下观点．
　　　　　　发散时：提醒时间，厘清顺序，火拉回来．

D. 结束：总结会议（决议，责任人，起始与截止时间）

（e）

图 3-42　（续）

《沟通的方法》（脱不花）

PART 5 变被动为主动

1 道歉 "偶时的"
① 关闭过去. A.道歉要及时 B.表达歉疚的预 C.诚恳(当面/电话>微信)
D.接纳对方的情绪，引导对方释放情绪 E.一对一.
② 承诺未来 A.带着方案 B.进行请教 C.小礼物(如花、咖啡、性糕)
③ 如果对方不原谅 A.小事等一等 B.大事请支援

2 调解 "重在补网"
① 处理情绪 A.引导协商方(释放情绪) B.接纳情绪 C.创造"认知失调"
② 重建目标 帮他找到真实的目标. 帮调对方遗漏的信息
③ 最小改善 最小化的改善动作. e.g.帮我们把...整理一下..."

3 求助 他愿意.他能够
① 别人帮得了 A.时间和精力 B.聚焦能力 C.未来程度小内
② 别人愿意帮 A."关于为难"(说对利弊问一脚) B.记得回礼.

4 拒绝 拒绝事.而非人
① 开门见山. A.第一时间拒绝 B.第一人称拒绝
② 移花接木 替代方案：A.现在→以后 B.我→其他人 C.交换条件.

(f)

图 3-42 （续）

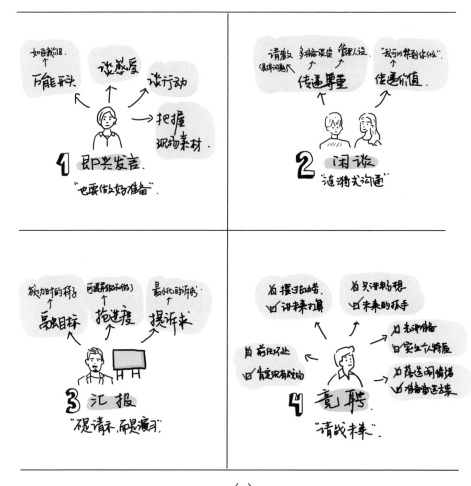

（g）

图 3-42 （续）

总　结

本章我们讨论了一个问题：如何通过阅读建立知识的系统性认知？

（1）通过"合适""合格"和"可靠"3 个维度选择好书：

—"合适"看是否能解决自己的实际问题

—"合格"看作者能力是否达标

—"可靠"看其他人的推荐程度

（2）速读的核心是快速获取想要的信息，步骤包括：建立基本框架，带着问题阅读，查阅他人解读，设置倒计时。

（3）精读的核心是建立一套系统框架，步骤包括：建立基本框架，带着问题阅读，标注重点和添加笔记，整理逻辑架构，检验学习效果，进行知识联想，将内容表达出来。

（4）整理逻辑架构是一个难点，我们给出了 10 个常见架构，分别是：并列关系、递进关系、矩阵关系、总分关系、归纳关系、维恩关系、对比关系、因果关系、层级关系、循环关系。

（5）为了更好地记住学到的知识，我们给出了 10 个建议：回顾法、图片法、场景法、延伸法、缩写法、抄写法、运用法、导图法、感官法、分享法。其中分享法是最好的方法，它综合运用了前面 9 个方法，建议多使用。

（6）笔记可以帮助我们提升阅读效果，我们可以建立自己的标注系统，利用康奈尔笔记法制作笔记，利用思维导图软件（如 Xmind）做笔记，利用 iPad 绘制视觉笔记。其中，要完成一份好的视觉笔记，可以遵从 4 个步骤：记录重点，把握书中的关键内容；提炼核心，凝练出一些词句；重组内容，找到内容之间的逻辑关系；可视化呈现，利用图示、颜色、人像等让页面更加"活泼"。

本章的总结如图 3-43 所示。

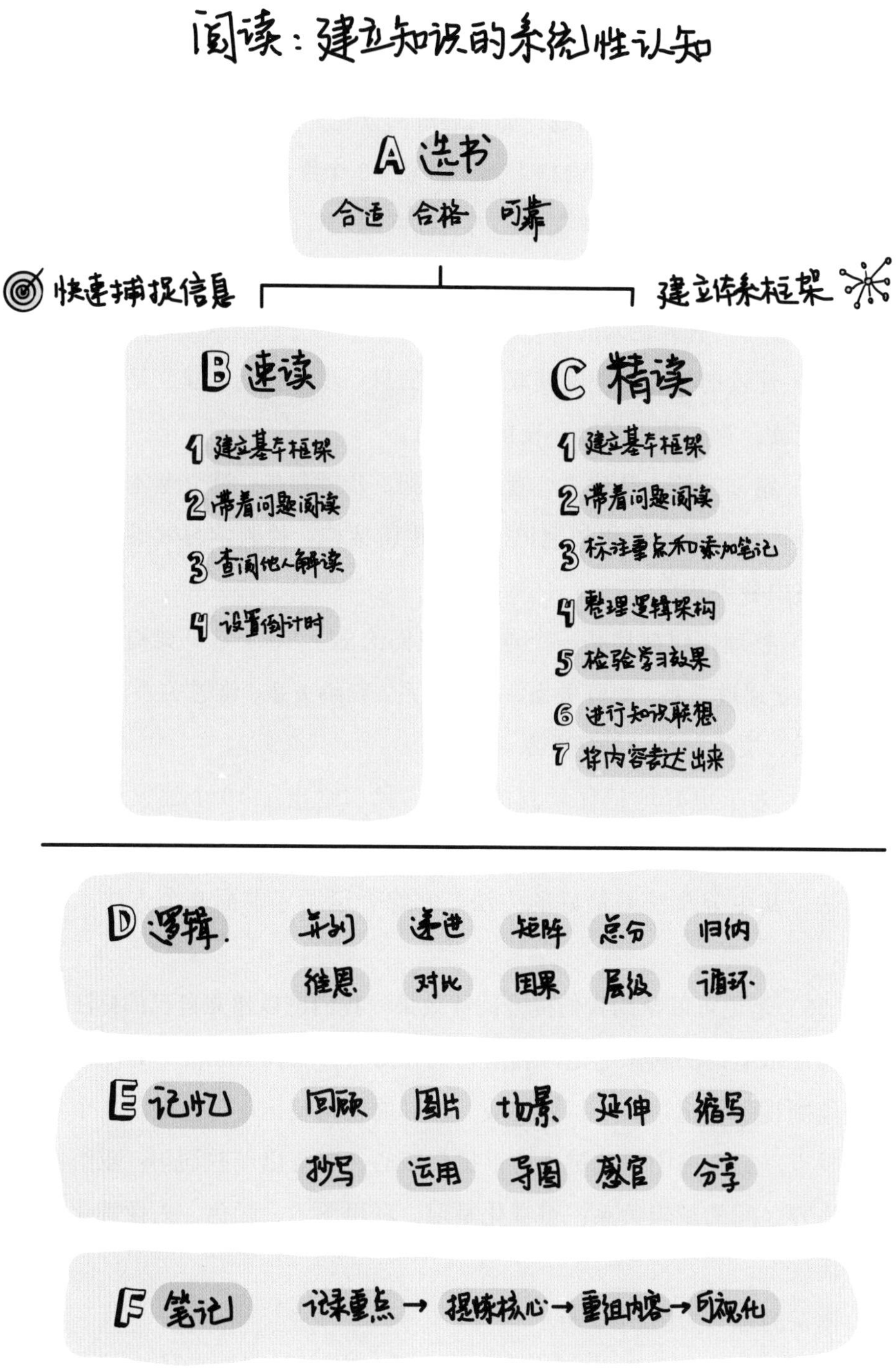

阅读：建立知识的系统性认知

A 选书

合适　合格　可靠

◎ 快速捕捉信息　　　　　　　　　　建立体系框架 ✳

B 速读

1. 建立基本框架
2. 带着问题阅读
3. 查阅他人解读
4. 设置倒计时

C 精读

1. 建立基本框架
2. 带着问题阅读
3. 标注重点和添加笔记
4. 整理逻辑架构
5. 检验学习效果
6. 进行知识联想
7. 将内容表达出来

D 逻辑．　并列　递进　矩阵　总分　归纳
　　　　　维恩　对比　因果　层级　循环

E 记忆　回顾　图片　场景　延伸　缩写
　　　　　抄写　运用　导图　感官　分享

F 笔记　记录重点 → 提炼核心 → 重组内容 → 可视化

图 3-43　阅读：建立知识的系统性认知

第 4 章

听课：短时间
快速熟悉一个
新领域

读书的时候我们都有课本，那为什么还要听课呢？如果说阅读可以帮助我们系统地了解一个领域，那么听课可以帮助我们更快更好地达成这个目标。因为老师会突出重点，讲解难点，并且会把其中的逻辑梳理清楚，方便我们理解。读和听两者互为补充，就能形成合力。这意味着，阅读的很多方法也适用于听课，包括：

- 如何选择一门课程？通过"合适""合格"和"可靠"三个维度挑选。

- 如何学好一门课程？步骤包括：建立基本框架，带着问题阅读，标注重点和添加笔记，整理逻辑架构，检验学习效果，进行知识联想，将内容表达出来。

- 如何建立课程整体架构？重点参考这 10 个架构：并列关系、递进关系、矩阵关系、总分关系、归纳关系、维恩关系、对比关系、因果关系、层级关系、循环关系。

- 如何更好地记住知识？推荐这 10 个方法：回顾法、图片法、场景法、延伸法、缩写法、抄写法、运用法、导图法、感官法、分享法。

听课的优点是快，缺点是它的"一次性"：在线下听课，老师讲完以后就结束了，我们很难再回顾；在线上听课，即使可以回放，但要找到某个重点，也是难事。对比起来，看书时我们可以通过目录快速定位某个章节。

要解决听课的"一次性"问题，核心在于做笔记。毕竟只有将老师讲的记录下来，才能更好地复习。具体来说，我的解决方案有三个：

（1）通过识别课程中的精华点，把握记录重点。

（2）通过一个听课记录模板，系统性记录要点。

（3）通过一个绝招"fullnots"，完成记录升级。

接下来，我们展开这三个解决方案。

4.1 识别：如何找准课程里的精华点？

4.1.1 一门课程是如何设计的？

要找到课程里的精华点，我们可以换个思路来找到答案：看看一门课是如何诞生的。我有一门课叫《向上管理》，它的开发过程如下。

当时我接到了邀请，对方希望我讲一下"向上管理"这个主题。于是我问了以下几个问题。

（1）听课对象是谁？公司的中层。

（2）他们的年龄分布？平均年龄三十五岁上下。

（3）为什么要让他们上这门课？因为公司领导希望他们能掌握一些向上沟通的方法，提升沟通效率。

（4）什么场景沟通效率低？主要是工作汇报。

（5）为什么感觉效率低？因为感觉抓不住重点。

通过这几个问题，我将"向上管理"的主题聚焦在了"向上汇报"上，明确了课程目标：学员听完课后，能够更好地把握领导需求，懂得汇报重点。

基于此，课程围绕着以下内容展开。

（1）向上管理的真相：让大家理解为什么要向上管理。

（2）如何读懂领导的性格：让大家从底层性格入手，理解领导的行为风格，继而"对症下药"。

（3）如何读懂领导的需求：让大家知道具体怎么做，能更好地把握需求。

（4）如何做好一次向上汇报：让大家知道怎么汇报，保证高效传递信息。

（5）如何与领导建立信任：让大家从更高维度去思考，与领导建立信任关系。

为了让内容更容易被吸收，我还在里面加了以下内容，帮助大家理解。

（1）情景演练。提供一个向上汇报的场景，大家可以学以致用。

（2）视频案例。为了让大家对领导性格有更好的理解，我放了多个影视剧片段，让大家身临其境地去感受。

（3）小结和总结。每一章结束后会有小结，课程结束后会有总结，这既能帮助学员回顾核心知识点，也能帮助他们建立一个整体性认知。

最后，我按照这个框架完成了课件并进行了授课，效果不错，后来它也成为我的品牌课程。

由此可以看到，一门课的诞生背后，有三个重要环节。

第一，需求分析，即了解这门课要解决什么问题。可以用一句话来表述，那就是：谁在什么时候遇到了什么问题，需要通过什么课程来解决；学完以后，学员可以掌握什么技能。比如这门课就是：该公司中层在与领导汇报时，因为不能有效读懂领导需求，导致沟通效率降低；学完课程以后，学员可以读懂领导需求并开展有效率的汇报。

第二，内容设计，即基于需求，设计课程的内容模块。一般来说，大多数培训课程都是先讲 Why（为什么这门课对学员重要），再讲 How（如何来具体操作）。比如：我的这门课先讲"向上管理的真相"，让大家理解我们为什么经常做不好向上管理，它又会带来怎样的危害；然后分别从"读懂性格""读懂需求""向上汇报""建立信任"四个维度展开具体的做法。

第三，教学设计，即为了让他人能够更好地吸收知识而安排的教学活动。例如我的这门课就用到了"情景演练""案例分析""小结和总结"，让学员能够学以致用和系统回顾。很多小技巧我可能不会写到 PPT 里，但是在学员演练时遇到了，我就会针对具体问题讲解。

这是一套经典的课程开发流程，如果你有意识地去观察，会发现大多数课程都是这么诞生的。

4.1.2 课程的精华内容看三点

明确了课程的诞生过程之后，我们接下来便可以有意识地关注三类信息，把握课程重点。

第一，场景，即它能解决什么场景下的什么问题？

只有搞清楚这个问题，我们才能够把握听课的重点。这一块的信息我们可以通过两个渠道拿到：

一是海报和宣传文案。一般来说，培训经理会在课前进行宣传，文案里一般会包括"可以帮你解决什么问题"和"课程大纲"。我们可以通过它来判断是否适合自己的场景，是否能解决自己的问题。我们看看《如何写一份给领导看的年终总结？》的宣传文案：

如何写一份给领导看的年终总结？

讲师：乌素淖尔，课程制作人，《新媒体数据分析》作者，《slay2020·年终总结工具箱》内容顾问。

你将收获：1. 新手写总结容易踩的三大"坑"；2. 如何设计有惊喜的年终总结；3. 写总结的流程安排与时间占比。

通过这个文案，我们可以清晰地了解到学习后的收获：学会设计一份让领导惊喜的年终总结，并且合理安排时间去完成它。

二是老师授课的开场。就像前文提到的，老师在开场会重点解释 Why（这门课有什么用），这时候我们便可以厘清课程能解决什么问题。

例如，在《如何写一份给领导看的年终总结？》一课开场时，老师介绍了我们日常写总结的三大痛点：

（1）没有逻辑，致使领导很难听得清楚。

（2）没有润色，致使领导觉得你没价值。

（3）没有重点，致使领导难以聚焦核心。

如果某个痛点符合自己的情况，便可以在那部分出现的时候重点听。

第二，方法，即如何解决这个（些）问题？

这是课程的核心，也就是它的干货。我们可以重点关注两方面内容：

其一是老师的具体讲解。这个很好理解，毕竟它是课程的重点内容。

其二是老师的总结页。在这里面，老师会把核心内容进行整理，你可以系统性地了解整个步骤和方法。图 4-1 便是《向上管理》课程的总结页。

基本原理 金字塔原理　　　**操作路径** 站在领导视角汇报

	领导视角	汇报方法
1	告诉我业务发展的空间在哪？	用总量和平均情况呈现当下， 从极端值、历史情况、对标情况、市场容量找空间。
2	不要每天都是坏消息。	不要总是汇报坏消息。
3	请给我决策依据。	给出标准。
4	我要你解决问题。	不要说"我不行""做不到"。
5	他应该没问题吧。	有问题马上说。
6	还有好多事要忙，挑重点。	准备两个方案。 准备一页摘要。
7	不要在不合适的时候打扰。	了解领导的习惯。

图 4-1　《向上管理》课程总结页

第三，绝招，即我能怎么学以致用？

方法只有落到实际操作上，才能真正"为我所用"。

这一块的信息我们需要从老师的案例讲解、老师点评和回答提问中获取。比如：当同学们在演练"向上汇报"时，我顺道分享了一个"绝招"：准备两套方案：一套是 3 分钟版，另一套是完整版。因为领导可能会临时有会，这时候就需要用 3 分钟版来汇报。

到了这一步，我们基本了解了课程的精华，便可以有针对性地去摘取信息，而非被动地听讲。

接下来，我会分享给大家一个听课记录模板，带着它来听课，事半功倍。

4.2

初阶：模板记录法

关于听课，你最担心出现什么情况？这个问题我采访过很多朋友，得到的答案有三类：

第一是抓不住重点。课程结束后，笔记里什么都有，也不知道哪里是重点。

第二是找不到笔记。辛辛苦苦听完一门课程，还做了笔记，但是笔记本里内容太多了，等到某天突然想要查找，却发现变成了大海捞针。

第三是用不好知识。学了这么多，记的也都是老师讲的，但是等到自己用的时候，发现很多场景不适合自己的工作。

针对这些痛点，我基于康奈尔笔记法，制作了一份听课笔记模板，如图 4-2 所示。你可以打印出来，或者导入平板电脑中使用。

课程笔记 ＿＿＿＿＿＿＿＿＿＿＿＿＿ 标签 ＿＿＿＿＿

时间 ＿＿＿＿ 老师 ＿＿＿＿＿＿＿＿＿＿＿＿＿＿＿

摘要 重点是什么? 主题有哪些?

想法 过程思考　　　　　**记录** 课程记录

备注
一些思考

图 4-2　听课笔记模板

为什么它能解决刚刚提到的三个问题？

首先，我们先看看里面的布局，总共包括五个模块：

（1）基本信息。写下课程名、课程时间、老师名、标签（主题）。

（2）"摘要"模块。记录课程的整体框架，方便快速获取核心信息。

（3）"记录"模块。一边听课一边记录课程重点。

（4）"想法"模块。记录听课中产生的一些新想法。

（5）备注。记录对整个课程的感受。

然后，我们看看怎么使用这个模板：

（1）上课前，完成"课程标题""时间""老师姓名"和"标签（主题）"记录。这些信息对于后期查找课程非常有用。我们尝试回忆某个知识点时，或许想不起课程标题，但大概记得是什么时候听的、老师是谁、主题是什么，顺着这些线索，便能很快定位笔记。

（2）学习时，在"记录"区做笔记，记录下老师讲的重点内容。记录核心要点即可，不用求全，因为求全肯定记不过来，而且容易陷在前面的内容之中，因小失大。

（3）听课的时候，如果有一些思考，可以写在左边"想法"区。建议有想法就随时记录下来，它可以是对老师讲课内容的小结，也可以是一些补充信息。

（4）学习后，完成"摘要"。摘要建议用自己的话来写，这样也完成了一次复习；如果实在想不出来写什么，也可以把老师讲的最重要的内容填写在这里。

（5）如果有一些整体的思考，可以写在下方的"备注"里。我会习惯写知识的应用场景，以助于后期使用。

图 4-3 是《X-CON 教学设计模型》学习笔记。这是《一模一课：12个模型搞定培训设计与评估》里的一节学习笔记，来自我很喜欢的一位老师——章森，他非常擅长将培训工作总结为体系化的模型，方便学员去参考实践。

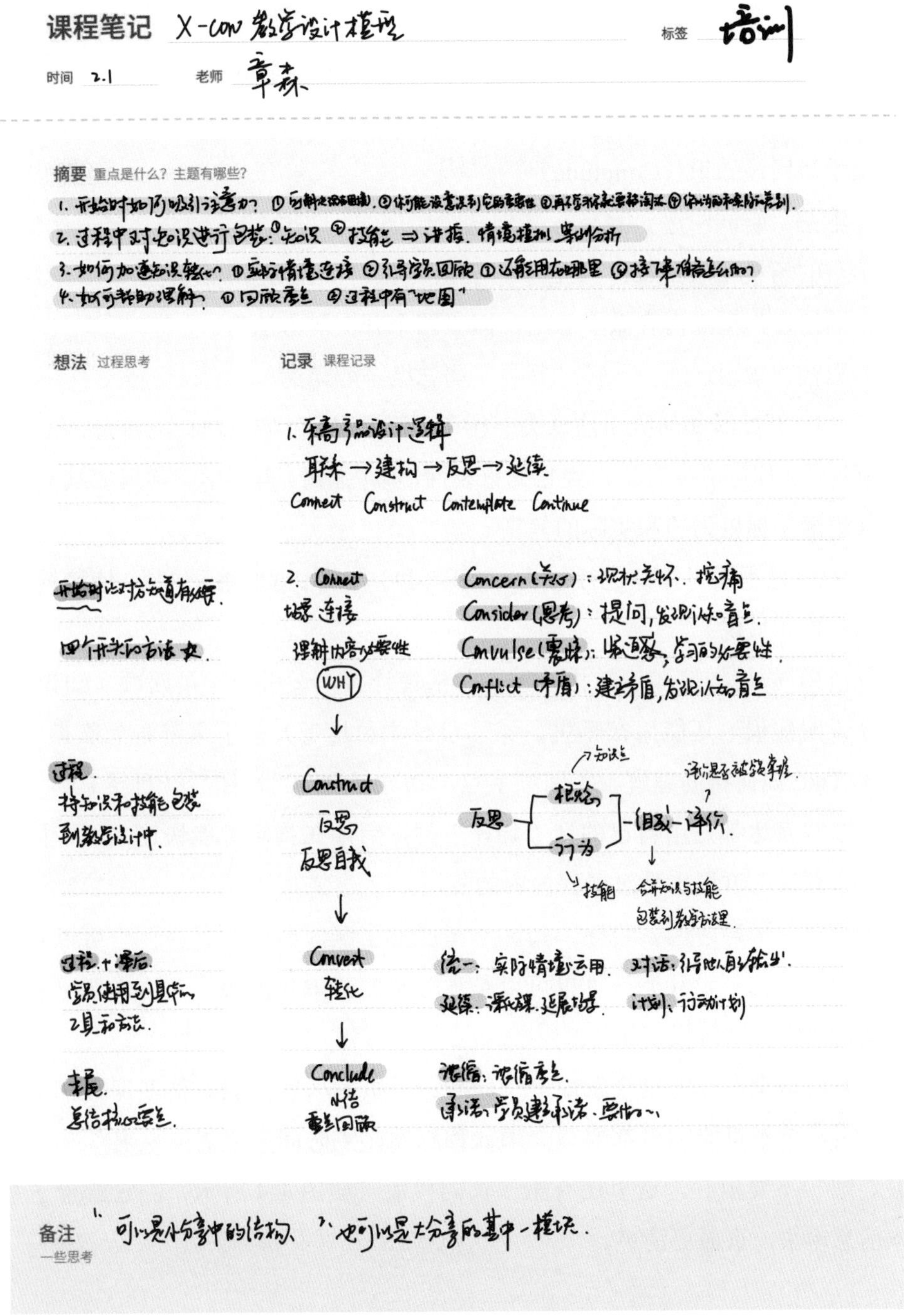

课程笔记　X-CON 教学设计模型　　　　　　　　标签　培训

时间　2.1　　　老师　章森

摘要 重点是什么? 主题有哪些?

1. 开始时如何吸引注意力? ①与解决问题相关 ②有可能没意到的重要信息 ③再自问我本身解阅读 ④与旧有知识有差别
2. 过程中对知识进行包装: ①知识 ②技能 ⇒ 讲授 情境模拟 案例分析
3. 如何加速知识理解? ①与旧情境连接 ②引导学员回顾 ③还能用在哪里 ④接下来准备做什么
4. 如何帮助理解? ①回顾总结 ②社中的"地图"

想法 过程思考	记录 课程记录

1. 系统系统设计逻辑
　　联系 → 建构 → 反思 → 延续
　Connect　Construct　Contemplate　Continue

开始时词汇对访谈有重要

四个所本的方法 文

2. Connect
　场景 连接
　理解内容的重要性
　(WHY)
　↓

Concern (关心): 现状 关怀, 痛痛
Consider (思考): 提问, 发现认知的盲点
Convulse (震撼): 增道理, 学习的必要性
Conflict (冲突): 建立者盾, 为认知的盲点

过程
将知识和技能 包装
到教学设计中.

Construct
反思
反思自我
　↓

过程 + 课后
学员运用到现实中.
2项和方法.

Convert
转化

统一: 实际情境运用　对话: 行动反思得出
延续: 课程 延展环节　计划: 行动的计划

总结
总结核心要点.

Conclude
小结
整理回顾

派结: 派结要点
承话: 学员邀承话: 要做的...

备注
一些思考

"可以是A句意中的(结构), " 也可以是大句意内的一模块.

图 4-3　《X-CON 教学设计模型》课程笔记

第一，在课前，我先填好课程标题、"时间""老师姓名"和"标签"。

第二，在学习的时候，我在"记录"区写下老师讲的重点，即如何通过四个"Con"，帮助学员吸收知识、掌握技能：连接学员的场景（Connect）、引导学员反思自己的工作（Construct）、将知识转化为工作场景（Convert）、带领学员回顾知识（Conclude）。

第三，听课中途，我有一些想法，会记录到左边的"想法"区。比如连接学员的场景（Connect）要在"开始时"做，"让对方知道有必要"学这门课。顺便还为重点内容做了总结，即"四个开头的方法"。

第四，学习之后，我在"摘要"里总结了四句话：

（1）开始时如何吸引注意力？①（课程内容）可借鉴现在的困境，②（用案例说明）你可能没有意识到它的重要性，③（强调）再不学习你就要被淘汰，④（澄清）你以为的和实际的差别。

（2）过程中对知识进行包装：知识（和）技能（可以用）讲授、情境模拟、案例分析（呈现）。

（3）如何加速知识转化？①实际情境连接，②引导学员回顾（知识），③（说明知识）还能用在哪里，④（引导学员思考）接下来准备怎么做。

（4）如何帮助理解？①回顾重点，②过程中有"地图"（目录）。

这些表达都是用自己的话"翻译"的，后期在查阅时能快速理解，同时这个"翻译"过程也是对课程内容的复习。

第五，学习之后，我在"备注"里加上了课程适用的场景："可以是小分享中的结构（设计）""也可以是大分享的其中一模块"。这样便更清楚方法可以在什么时候使用。

看到这里，你肯定会发现一个问题：一页怎么够用呢？很多课程都要写两三页，总不可能每页都要写一遍课程标题、"时间""老师姓名"和"标签"吧？不要担心，这里还有第二页的模板（如图4-4所示），它删除了基本信息模块，页面更清爽。

课程笔记

想法 过程思考	记录 课程记录

备注
一些思考

图 4-4　听课记录模板（第二页）

模板记录法适用于大多数课程的学习。当然，也会有一些课程非常重要，只记录重点还不够，这时候就要用到下一个绝招了。

4.3

高阶：Fullnotes 记录法

这是和咨询公司的朋友合作时观察到的技巧。当时老师正在讲课，我发现朋友在后台疯狂地敲打键盘。出于好奇，我走了过去，发现她在做记录，而且是把老师每一句话都记了下来。课程结束后，我问她为什么这么做。她说："这样就知道老师具体讲了什么。你想啊，我们经常要跟客户沟通，客户会提需求，如果我们不知道课程内容，怎么跟客户推荐呢？"老师不是有课件吗？她的答案是："课件里只有大概的框架，但是如果客户问到某个细节，那就找不到了。如果每次都说'我找老师一起开个会'，客户也会对你的专业度产生怀疑。"

我问她："你们怎么称呼这个记录呢？"

她回答："Fullnotes（全记录）。"

这个方法后来我也用在了自己的上课学习中，效果真的好。因为它能解决之前听课遇到的两个问题：

第一，从"一次性"到"永久性"。听课最麻烦的地方就是，它是一次性的。这意味着听到就听到，没听到就没听到。后期对某个问题有疑问，如果当时没有记录，那么基本找不到答案。所以，全记录可以永久保存老师讲的内容，后期有不懂的，马上就可以检索。

第二，从"容易走神"到"聚精会神"。日常听课，每过去 10 来分钟，人就容易走神，看手机、发呆。但是，一旦有了"做全记录"的任务，那上课的过程就像打仗，不断地敲击键盘，完全没有精力去想其他事。

但是，看到这里你肯定会问了：如果听课时都在敲击键盘，还有什么精力消化吸收呢？

这个问题我也遇到了，所以后来我做了三方面调整。

第一，记录重点。重点内容记录要点，不求完整，但求都有。如果老师开始讲一些跟主题无关的内容，那就直接舍去。

第二，课后回顾。上完课以后，要对讲课内容进行整理。突出重点，添上摘要。摘要内容就是上文提到的"课程精华"，即场景、方法和绝招。

第三，多拍照片。有一些重点页面一定要拍下来，例如总结页。

接下来我以一次听课的案例，分享这个记录的全过程。

某天拿到了一张门票，是得到的线下分享，主题是"知识萃取"。在过去之前，我看了一下邀请函，里面提到了具体分享内容：

2021 年 5 月 26 日，是得到五周岁的生日。在这天，我们将把得到内部的知识萃取方法大公开！这一天，我们邀请到了得到内部擅长知识萃取的李倩、侯成龙两位老师来进行线下分享，面对面教授得到内部知识萃取方法。同时，罗胖也会在直播中分享过去一年的思考与成长。

"知识萃取"这个主题我一直很关心，因为这两年公司也在强调经验沉淀，所以刚好可以学习相关的方法，于是我决定前往。

16 点 50 分我赶到了得到广州学习中心，然后打开 iPad，做好记录准备。分享活动 17 点正式开始，两位老师轮流上台分享得到如何萃取内部经验，罗振宇则通过直播形式分享他在这方面的心得。我也一直没有停下，疯狂记录。遇到有些不太方便记录的（比如一些结构图），就用手机拍照留存。

晚上回到家已经 10 点。简单洗漱之后，我又回到了 iPad 前，对白天记录的内容进行二次加工：

一修改标题。我将其中一份笔记的原始标题《得到知识萃取方法大公开：广州场》，整理为《A—知识萃取—得到用锦囊萃取知识的 8 大好处和 6 个"坑"—李倩、侯成龙—广州》，包含了内容质量、主题、标题、老师名字、地点，方便后期检索。更具体的文件取名策略，我们在第 8 章详细讲解。

一完善内容。由于前期记录有些内容只写了关键词，这一步就把句子补充完整，方便后续阅读。而现场拍的图片，则插入笔记中对应的位置。

——突出重点。将笔记中的重点标注出来（加粗），这样阅读时能快速聚焦。

——制作摘要。将场景、方法和绝招提取并放在前面，方便之后快速获取关键信息。

通过这样的整理，后期如果有知识萃取的问题，都可以查阅这份文档找到答案。

4.4

延伸：学习视频课的 5 个锦囊

随着在线教育的兴起，我们可以看到越来越多的在线课程。在线上课的好处是，不用前往特定的场所，就可以方便地获取优质内容。于是有人买了很多课、听了很多内容，却发现收效不大。这很大程度是因为我们学习的过程很"随意"，很多人一边做家务一边学习，或者一边工作一边学习，这样看似节省了时间，但实际效果却大打折扣。那么，怎么才能听好一门线上课程？接下来分享 5 个锦囊。

锦囊 1：重视视频课。

既然是选择学习的课程，那么就要保持重视，假设自己就坐在真实的课堂里。比如：周末我会选择在家里的工作台上学习，并且在这段时间里不做其他事。有时候甚至会换上相对正式的衣服，如衬衫，用这样的仪式感提醒自己：现在要进入学习状态了。

锦囊 2：做好笔记。

在线上学习过程中，我也会像在线下听课一样，做好记录。这个过程有一个重要作用，就是让我保持全程亢奋的状态。毕竟在家学习，即使有仪式感，走神的概率也会大很多。而一边听一边记录，则会调动起耳朵、眼睛和双手，没有精力再去想其他事。

锦囊 3：重要页面截图。

这类似于线下培训时的拍照。要截图的内容包括三类：第一是目录页，它是整个课程的框架；第二是总结页，它是课程内容的回顾（有时候跟目录页一样）；第三是关键知识点页面，这个页面可以帮助我们更好地理解核心内容。

锦囊 4：阅读课程评论。

有些课程会有评论，通过阅读，可以收获三类信息：

（1）"学习委员"的总结。他们会分享自己的学习感受或者课程的摘要内容。

（2）对课程内容的补充。也有一些专业人士会对课程内容提出自己的看法，或者分享自己的案例，这可以帮助我们延展思考。

（3）课程实践感受。还有些朋友会分享自己的实践心得，这就类似于案例，可以帮助我们更好地理解知识应该如何运用。

比如，得到上有一门课我特别喜欢，叫《给中层的管理课 30 讲》，其中第六节讲的是"立威立规：怎么快速'征服'不服管的下属"，用户"白哈巴的夜"写了如下的评论：

一、感悟：商鞅在制定了变法的各项规定后，特意安排了一个"南门立木"的活动，就是为了立威立规。

二、要点摘录

一下属们不服管，背后的原因很多。这时候，你挨个去谈心做思想工作，调整薪酬结构，都很难见效。因为面对你这个抢滩期的上司，下属们还不相信你能带着他们出业绩。

一管理者的威信通常来自三个方面：职位威信（见效快，却不持久）、专业威信（虽然持久，但见效慢）和管理威信（通过管理动作建立你的权威，这是一种由内而外的影响方式）。

一判断你有没有真的在团队中建立起威信，光看输入视角，也就是员工怎么表态是不够的。还要有输出视角，那就是，大家是不是真的把你的要求，由内而外地付诸行动。

一中层管理者立规立威"四步法"：定好"保险丝"、对齐标准（"你的规矩为什么定？""标准动作是什么？""违反了有什么后果？"）、让团队公开承诺（我们都愿意力挺这个规矩，一旦违规，愿意受罚）、调整队伍（对于不守规矩的员工，你要采取行动）。

——立规矩的"保险丝"原则：立一个易落地、犯规了易发现的小规矩，以点带面，调整队伍状态，建立上级的威信。

第一个"感悟"是对课程内容的补充：商鞅的案例。我特地查了一下，故事讲的是商鞅在开始变法前，为了树立威信，便在都城的南门立了一根三丈高的木头，并下命令说："谁能把这根木头扛到北门去，就赏五十两黄金。"这可是一大笔钱啊，很多人不相信，觉得是开玩笑，但有一个人真的试了，还一直搬到北门，商鞅直接让人给了他五十两黄金。这件事立即传了出去，轰动了秦国。大家相信了，商鞅说话算话。对于后来的变法，大家也都意识到，这不是说着玩，而是动真格。——你看，这个补充又帮助我更好地理解了"立威立规"的做法和作用。

第二个"要点摘录"则是课程的核心总结，有了这些内容，我甚至不用自己再写摘要了。

锦囊 5：整理笔记。

这与线下听讲类似，就是让笔记更容易阅读：

（1）修改标题。一般来说必选的有"课程名"和"老师"，其他则根据自己的实际情况添加，还可以加入"内容质量""主题""学习渠道"，例如《A—情商管理—什么是真正的情商—蔡康永—B 站》。这样的好处是让内容更好地被检索。

（2）完善内容。补充完善笔记，同时将关键页面的截图插入笔记中对应的位置。

（3）突出重点。将笔记中的重点标注出来（加粗）。

（4）制作摘要。将场景、方法和绝招提取并放在前面，方便之后快速获取关键信息。

4.5 运用：我是如何听 100 门课程的？

2020 年，疫情突然来袭，所有人的生活都或多或少受到影响。对我而言，这种影响主要体现在两点。

（1）居家办公。这意味着需要长时间一个人生活和工作，不用外出看电影、聚餐和逛街，多出很多时间。

（2）在线学习兴起。因为不能聚集，线下培训是受影响最大的行业之一。很多培训机构不得不转型线上。于是，我们看到了很多公司把那些之前"舍不得线上化"的课程做成了视频课或训练营，并以较低的价格（线下一人要五六千元，线上则是五六百元）招生开展学习活动。

于是大多数晚上，我都是在家看网课，学习这些难得的课程。这一习惯养成之后，一直延伸到现在。

很多朋友问我：你是怎么挑选网课的？你是怎么坚持下去的？你是怎么学网课的？

4.5.1　你是怎么挑选网课的？

挑选网课的方法类似于挑书，看三点：合适、合格、可靠。

（1）合适：即看课程是否与我的目的匹配。我在听课时就明确了自己的目的：其一是了解老师和他的内容，看授课风格、内容主题是否适合我们公司的需求；其二是学习他们的授课技巧和讲授内容，以后如果自己要讲类似的，可以基于老师的框架，补充公司的实例。所以，听课的主题也多围绕与工作相关的领导力、通用能力展开，至于科学类、工具类主题则不做考虑。

（2）合格：即看课程讲授者是否有相关经验。如果是讲领导力的老师，重点看他是否有高管的经验，或者有相关的研究经验，如果没有，那么大概率就是搬运，没有多少说服力。

（3）可靠：即看这些经验是否有背书。重点关注头部培训企业的课程，毕竟好的机构对于老师、内容的把控更严格，老师的经历也得到了他们的验证，更可信一些。

明确了这几项内容后，我主要挑选了凯洛格的《A+经理人》训练营、中欧商业在线的领导力相关课程、得到 APP 的《怎样成为带团队的高手》等课程。

4.5.2　你是怎么坚持下去的?

说实话，坚持并不容易。毕竟人性是趋于享乐的，学习这件事很反人性。在追剧、玩游戏和学习之间，我为什么选择了学习?

这里，我就用到了第 3 章里提到的"习惯养成的六个秘籍"。

（1）激发内在动力。有两个动力支撑我学习网课。第一是发现好课程，毕竟日常做培训设计需要挑选老师和课程，听网课可以帮助我更好地把握这些内容；第二是制作好内容，我也有自己的写作和讲课主题，听听别人的内容，可以补充完善自己的知识体系。

（2）明确学习目标。基于内在动力，我做了一个月的目标，第一是至少找到 10 个符合我们公司需求的老师，第二是至少制作 2 份课件。

（3）设计启动刺激。我把每天的听课时间定在晚上 8 点，所以我设定了晚上 7 点 45 分的闹钟，然后开始一系列有仪式感的动作，比如：

——倒一杯水。

——换上正式一点的衣服。

——将工作台上的杂物清空，只留下看课程的手机和用来做记录的 iPad。

——手机退出微信（如果课程就在微信里，那就把一些工作群先设置为"消息免打扰"）。

这样的操作保证了自己在整个过程中能全身心投入，不会被各种事情干扰。

（4）设计奖励机制。每坚持一周，会给自己买件"小礼物"，比如一个期待已久的摆件；如果坚持一个月，并且达到了目标，那么就买件"大礼物"，例如 HomePod 智能音箱。

（5）让这件事变得容易。我每天只听一门课，大概半小时到一小时。这看起来很简单，但其实很有挑战性。因为你会看到各种课程的海报，它们都很诱人。这就像读书时去书店，看到各种教辅书，总想多买点。但是，我事先定了原则，因为如果一天听太多，会有两种危害：其一是在第二天产生一种"昨天已经听了这么多课，今天就算了"的感觉，一旦中断，很可能就会放弃；其二是如果某天学太多，可能会产生厌烦情绪，也不利于习惯的养成。所以，一天一门刚好，不会太累，易于坚持。

（6）提升相关能力。如果学习时记不过来，而刚好老师又有总结的PPT，我就会先截图，然后借助微信的"图片转文字"功能，快速识别。强烈推荐微信的"图片转文字"功能，不用下载其他软件，识别准确率在95%以上。方法如下：在微信里把图片发给自己，然后长按图片，即可看到"提取文字"的按钮。

4.5.3　你是怎么学网课的？

第一，简单的课程用模板记录法。

如果这门课程是基于某个场景展开的解决方案，或者已经有相应的知识储备，那我会选择使用模板记录法学习。例如《高效解决问题三板斧》这门课，它的核心就是通过"舍""终""简"三个方法，低成本、高收益地解决问题，内容很聚焦，知识密度不太大，于是我选择了模板记录法来做笔记，如图 4-5 所示。

课程笔记 高效解决问题三板斧　　　　　标签 问题解决

时间 2020.2.15.　老师 凯诺格. 田楷.

摘要 重点是什么？主题有哪些？

1. 舍：抓住核心问题
2. 终：以终为始
3. 简：复杂问题简单化，简单问题标准化.

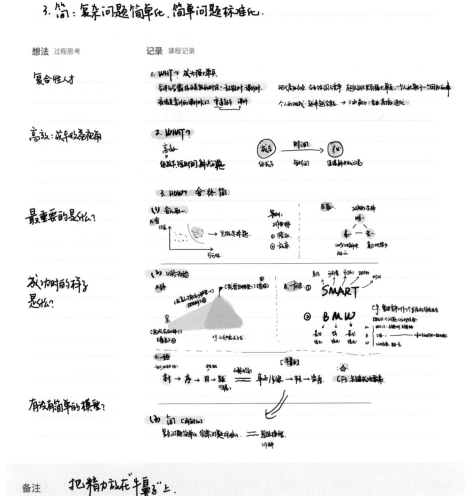

想法 过程思考

复合性人才

高效：成本收益视角

最重要的是什么？

成功时的样子
是什么？

有没有简单的模型？

备注
一些思考　把精力放在牛鼻子上.

图 4-5　《高效解决问题三板斧》课程笔记

第二，系统的课程用 Fullnotes 记录法。

如果这门课程就某个问题系统性展开，或者在这方面没有太多经验，那么我会选择使用 Fullnotes 记录法学习。例如得到的《启发俱乐部》有一期讲的是华为的管理方法，这方面我的知识储备较少，于是就一边听一边记，把其中的知识和案例都记录到笔记本里，这样之后便可以系统性地复习所有内容。

总　结

本章我们讨论了一个问题：如何更有效地听课？

（1）如何把握课程重点？看三点：

一场景，它能解决什么场景下的什么问题？

一方法，如何解决这个（些）问题？

一绝招，我能怎么学以致用？

（2）如何制作课程笔记？

一简单的课程用模板记录法，模板包括五个模块：基本信息（课程名、时间、老师名、标签）、摘要（课程整体框架）、记录（记录课程重点）、想法（听课中途的想法）和备注（对整门课程的感受）。

一系统的课程用 Fullnotes 记录法，一边听课一边记录。

（3）如何学习视频类课程？

一重视视频课。视频课也是课程，需要专心学习，避免一心二用。

一做好笔记。一边听一边记，提升注意力。

一重要页面截图。特别关注目录页、总结页和关键知识点页。

一阅读课程评论。收获他人的总结、内容补充和课程实践感受。

一整理笔记。修改标题、完善内容、突出重点和制作摘要。

本章的总结如图 4-6 所示。

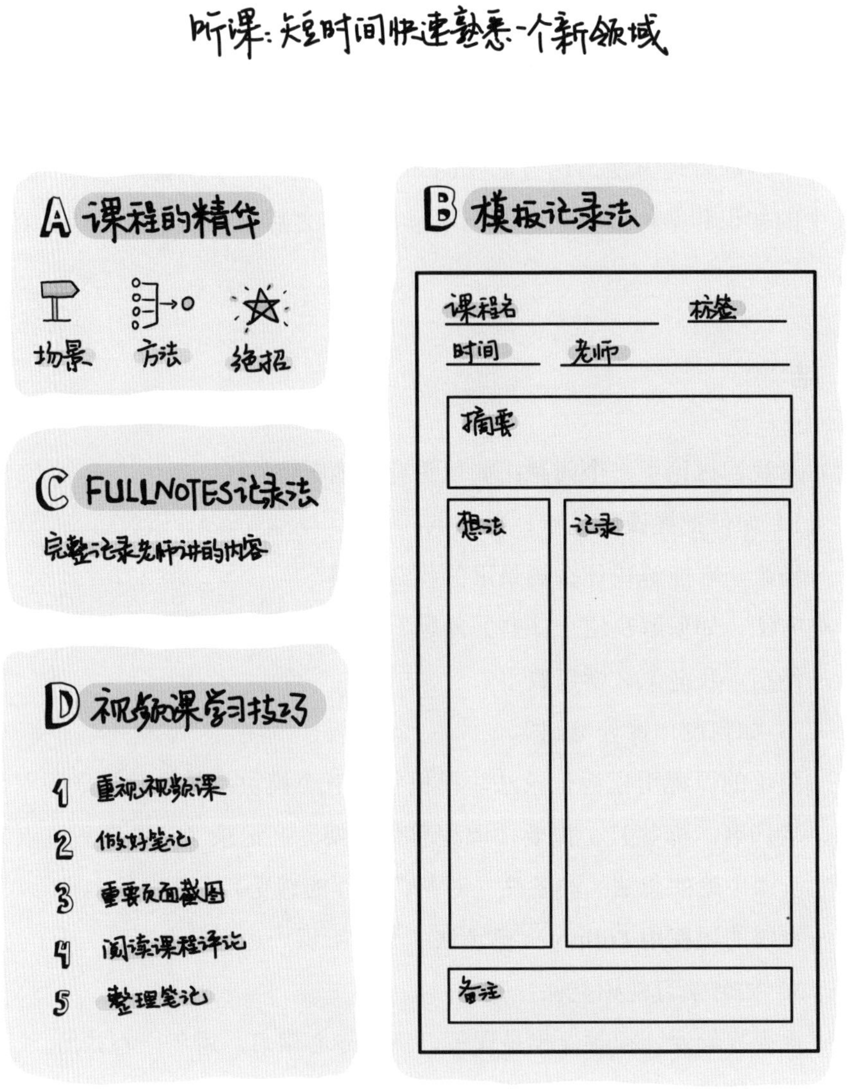

听课：短时间快速熟悉一个新领域

A 课程的精华

场景　　方法　　绝招

C FULLNOTES记录法

完整记录老师讲的内容

D 视频课学习技巧

1 重视视频课
2 做好笔记
3 重要页面截图
4 阅读课程评论
5 整理笔记

B 模板记录法

课程名　　　　　　标签

时间　　　老师

摘要

想法　　　记录

备注

图 4-6　听课：短时间快速熟悉一个新领域

第 5 章

偷师：向你的
良师益友学习

"史上留名的每一部电影我都偷。要说我拍电影有什么，就是从这部电影里拿一点，从那部电影里拿一点，再把它们混合在一起。"

——昆汀·塔伦蒂诺

偷师，就是向优秀的人学习。如果说阅读和听课最大的优势是建立知识体系，那么偷师最大的优势是获得一系列可操作的技能。

之前做研究的时候，需要了解某家企业的战略转型方向，我找了它们的年报、领导的公开发言，甚至问了内部员工，都没有太多发现。直到有一次和另一位研究分析师交流，得到了一个绝招：看它们的招聘广告。为什么呢？因为如果一个企业想要在某个领域进行投入，那么势必会提前储备相关的人才，招聘工作肯定会先排上日程。所以，去它们官网和招聘网站看看最新的岗位需求，就能更好地把握它们的发展方向。按照这个思路，果然了解到这家企业正在物流模块进行布局，于是顺藤摸瓜找到了它们的转型方向。

这就是偷师的妙处。可能是一个技巧，让你柳暗花明；也可能是一套方案，让你豁然开朗。但是，很多人会发现，找不到优秀的偷师对象，或者找到了也不知道怎么去借鉴。在这一章，我们一起来解决这些问题。

5.1 对标：成功的人总在偷师

2020 年春节前，我去了一趟四川省博物院，博物院里藏传佛教、万佛寺石刻、青铜器、陶瓷等各种展品琳琅满目。其中，最让我感慨的莫过于"张大千书画馆"，里面展览了张大千临摹的 100 多幅敦煌壁画。

1941 年至 1943 年，张大千远赴敦煌，花费两年多时间摹习壁画。为什么他会选择敦煌壁画？因为他认为敦煌壁画是名家杰作，是人类文化的奇迹。

那他又是怎么临摹的呢？在张大千书画馆里，有一段话说明了他的方法：

临摹，就是将古人的笔法、墨法、用色、构图，透过一张又一张的画作，仔细观察它的变化，并加以了解、领会、深入内心，达到可以背出来的程度。然后经过背临过程，对古人技法运用自如，最后把古人的东西变成自己的。

敦煌之行成为张大千艺术生涯的转折点，是他日后泼墨泼彩画风的发端。张大千用到的学习方法，就是本章想跟大家一起探讨的偷师。他通过向敦煌壁画偷师，完成了自己绘画风格和技巧的迭代。

我们再看一个案例。

知名战略营销专家小马宋在 28 岁的时候转行做广告。在这之前，他是《财经时报》的编辑，大学专业是西安交大的热能与动力工程专业，可以说跟广告八竿子打不着。但接下来的一年半时间，他从初级文案做到了助理创意总监，这背后有一个重要的方法，那就是偷师。在《小马宋自述：我是如何从锅炉工做到创意总监的？》里，他是这么说的：

我用了一个笨办法，阅读大量的广告创意案例。那时，我和同事用了半个月的时间把德国的一本世界级广告创意杂志十年来的作品，从网上全部下载下来，一共是 20000 个顶尖的创意作品。我又用了近一个月的时间，把它们分门别类整理成了 10 个 PPT。我把这 20000 个创意反复看了三遍以上。看完这些创意后，我发现，其实市面上大部分广告，创意方法都是来自这些经典的创意，无非变变形式而已。

小马宋通过向顶尖的创业作品偷师，为自己日后的广告策划奠定了专业基础。

如果有意识地去看一些访谈或自传，会发现牛人的成功路上都有"老师"的身影，这里的"老师"可能是优秀的作品、优秀的企业、优秀的管理者。牛人通过观察、交流，从"老师"那里获得了知识和技能，形成了自己解决问题的方案。

怎么完成一次系统性的偷师呢？

在企业管理中有一个词叫"标杆管理"（也被称作"对标"），它是指一个组织瞄准一个比其绩效更高的组织进行比较，以便取得更好的绩效，不断超越自己，超越标杆，追求卓越，实现组织创新和流程再造的过程。

中化集团董事长宁高宁在中化2019年经理人年会上的讲话《协同、对标、攻坚，不是想不想做，而是必须做到！》里强调了企业对标的重要性：

所谓对标，实际上就是学习、比较，就是看看别人怎么干。当然，我们不但要对标结果，还要对标过程；不光对标盈利，还要对标品牌、市场、团队。对标是个很好的分析自我、观察别人的过程，要继续稳定扎实地推动。

对标的过程也是一个生存的过程。未来对不了标的企业、不入流的企业、不能拿指标跟别人对比的企业，都是生存不了的。现在，无论是对企业自身的创新性、市场的细分、管理的细致还是对产业链每一个环节的要求来讲，无论是从定位、成本还是协同方面的要求而言，都是越来越高的。

基于"标杆管理"的理论框架，我们可以得到一套偷师的方案，它包括六个步骤：

（1）确定对标范围，即明确要从老师那里学什么。

（2）选择标杆对象，即找到优秀的老师。

（3）搜集相关信息，即通过各种渠道搜集相关信息。

（4）分析差距，即反思自己的行动，看与老师的做法存在怎样的差距。

（5）进行改进，即调整自己的解决方案。

（6）进行阶段性总结，在实践中看到有哪些地方不合适，接下来进行修改；哪些地方不错，固化为模板和流程。

举个例子，刚进入职场两个月时，领导让我准备一次出差，我做得很糟糕，虽然领导并没有指责我，但我的内心还是过意不去。于是我通过上文提到的六个步骤进行偷师：

（1）确定对标范围：如何完成一次成功的出差准备。

（2）选择对标对象：有经验的同事。

（3）搜集相关信息：在之后一次出差里，主动观察同事的具体做法，例如提前与当地对接人联系确定行程，整理目的地相关信息（如城市的 GDP、三产占比、各区域的典型楼盘、当地的房地产市场容量）。

（4）分析差距：我没有整理目的地信息，结果当领导需要相关材料时，都是临时查找，非常被动。

（5）进行改进：在下一次出差前，参考同事的方法，整理一整套资料。

（6）进行阶段性总结：形成一套出差准备清单。

在这个过程中，具有挑战的是"如何选择对标对象"和"如何搜集相关信息"。在本章里，我们将重点探讨这两块内容。

5.2

看准：谁是你的偷师对象？

"取法于上，仅得为中，取法于中，故为其下。"这句话来自于李世民《帝范》，谈的是做事：做事情要有高的标准，才能得到好的结果，如果期望值本来就定得低，最后的结果只会更低。

它也适用于选择偷师对象。如果我们选择的对象本身就很差，那么我们能学到的自然也就不会好到哪里去。那么，在职场上应该如何选择好的老师呢？

5.2.1　选择"老师"的方向

假设你是一家地产公司总部的员工，今天接到一个任务，两周内要完成公司新家的装修方案，你会怎么做这套方案？

这是一个很典型的职场问题。接手一个全新的任务，时间紧，任务重，要马上出结果。这时候，如果去看书或听课，学习装修知识，很明显来不及。最快的方法就是找到各家企业的装修方案，然后跟领导探讨哪种更合适。需要找到哪些方案呢？

（1）总部（现在和之前的装修方案）。之前这么设计，肯定有它的理由。

（2）子公司。看看同一个系统下其他子公司的方案，或许具备可迁移性。

（3）国内其他地产公司。同一个行业，大家的装修方案具备一定的参考性。

（4）非同行的企业，比如阿里巴巴、腾讯。企业文化可能不同，但是代表了另一种可能性。

（5）国外的企业，比如谷歌、苹果。国外的公司可以带来一些风格上的碰撞和启发。

拿到这些方案，我们可以整理出多个建议，然后跟领导讨论采用哪种风格。

这五类方案也基本对应了我们挑选老师的方向。

（1）本公司内部的老师。他们在过去的工作中有经验，也知道有哪些"坑"，向他们学习，参考他们的做法，可以让我们少走很多弯路。但是，如果一味向他们学习，很难创新。所以，这个选择更适合新人刚进入公司时使用。华为创始人任正非在给新员工的演讲《你们今天桃李芬芳，明天是社会的栋梁》里就提到过向内部老师学习的建议，他把具体的操作比作"一杯咖啡吸收宇宙能量"：

你们应该好好去读公司发布的文件，包括总裁办电邮。总裁办电邮只是一个发言，不具有"法律"性质，也不是指令性的文件。有些公司文件你可能读不懂，问问其他员工，请他吃顿饭、喝杯咖啡，他无意中就会告诉你一些"秘密"，因为人在放松时最容易把能量释放出来，所以叫"一杯咖啡吸收宇宙能量"。

（2）本集团体系内的老师。这一般是针对集团性企业，比如华润、保利、阿里、腾讯，内部有很多子公司，其中有些子公司的同事有丰富的经验，向他们学习，沟通成本低，而且因为企业文化相似，有些方法更容易落地。

（3）国内同行的老师。跟同行交流和学习，可以帮助我们了解更多行业内的优秀做法。很多房企会学习碧桂园的高周转、学习万科的跟投机制，这些都为公司管理提供了新的思路。

（4）国内非同行的老师。这一般是针对专项性主题，我们可以找到本领域做得领先的老师，跟他们学习。比如：地产的人力资源部门员工要做提升，可以参考字节跳动、华为等企业的做法。

（5）国外优秀的老师。有些内容我们在国内找不到合适的学习对象，那可以把视线放到国外，打开一个更大的世界。比如：学生时代写论文，老师就经常让我们阅读和学习国外的优秀论文，以此为标杆来修改完善自己的内容。

5.2.2 我的五类学习对象

在我刚转岗做培训时，对培训领域没有积累，为了快速熟悉，我选择了偷师，对象包括这五类。

（1）总部的同事。这是第一步做的，向一直做培训工作的同事请教，了解以前的做法，学习基本工作规范等，让自己更快地完成角色转换。

（2）子公司的同事。我是在总部工作的，公司体系下有很多子公司，其中不乏做得很好的子公司，我会向他们请教一些项目的操作方法，比如"子公司负责人应该怎么培训""项目总培训方案如何设计""有哪些好的老师推荐"。

（3）国内的同行。通过参加一些行业聚会，有机会认识很多地产公司做培训的朋友。当我遇到一个工作难题（比如"如何开发地产案例"）时，会向他们"取经"。

（4）国内某个领域的高手。有时候会面临一些专项问题，比如"如何搭建能力模型"，那么我会询问咨询公司的朋友，了解他们的基本做法。

（5）国外优秀的老师。因为这份工作也要求自己开发课程，其中涉及"时间管理"，就会去 productiveflourishing.com 上看看，它们提供了丰富的时间管理模板，可以借鉴到自己的课程开发里。

在选择偷师对象时，我有一个绝招：不一定要找最厉害的人，也可以找他们的徒弟或下属。

有一次我们去北京一家养老机构调研，学习它们的运营模式。在拜访结束后，我同时加了它们大领导和其下属的微信。后来在写报告时，有几个关于运营管理的细节不清楚，于是我给大领导发微信求证，但对方没有回复。我不死心，又给他下属发了信息，对方给出了详细的解释，比如每周安排几场活动、活动主题有哪些。

后来我也反思了背后的原因：大领导有太多事要处理，没有时间搭理我；而做事的人就不同了，你们有共同的话题，可以有更多互动，同时他对具体的细节也清楚，毕竟这些工作是每天的日常。所以这之后，只要是调研，一定要加具体做事的人的微信。

5.3

准备：建立信任的基本公式

在企业里，跟他人建立一个好的职场关系，是实现偷师的重要前提。这就涉及一个重要的课题：如何建立信任。我们先看一个真实的案例。

小萍今年 7 月入职新公司，作为管培生，领导给她和另外一名同事小李安排了同一位师父。刚开始还好，师父对大家都很照顾，会带大家熟悉公司环境，也会做一些简单的培训，关于公司制度、文化、基本工作流程等。可是，三个月后，小萍感觉情况有些微妙。师父明显有点"偏心"，他会把很多工作授权给小李，而小萍则被安排一些基础工作。甚至同样是出现了问题，师父对小李是给建议做指导，对小萍则是批评指责。

面对如此"不公"，小萍很伤心。为什么会出现这样的差异化对待？在跟小萍的聊天中，我得到了以下四个信息：

（1）小萍在入职之后犯了一次严重的错误。在给大领导的材料里，将去年和前年的数据写错。

（2）有好几次师父给了急活让小萍做，但小萍没有按时完成。

（3）每次看到师父，小萍都是绕着走，她怕遇到师父后不知道聊什么而显得尴尬。

（4）小萍多次跟师父提过想做"更有价值的事"。因为在她看来，她是研究生，而小李是本科生，自己的能力会更强。

小萍的问题到底出在哪，让师父逐渐放弃与她的良性沟通？背后的根本原因是两人的信任关系受到了破坏。

《值得信赖的顾问：成为客户心中无可替代的人》一书提出了一个信任公式：

$$信任 = （可信度 + 可靠度 + 亲近感）/ 自我导向$$

人际的各种信任关系，基本都可以用这个公式解释。

5.3.1　可信度

可信度是指对于某一件事，你有相关的专业技能，并且举止上看起来也有这份专业感。比如：你会发现，很多咨询顾问在上门沟通方案时，一定西装革履，这背后的原因就是他们通过着装给人以专业感；他们的汇报也会引用权威数据，使用逻辑图表，采用结构化的表达，这些则是优秀的专业技能的体现。

如何提升可信度呢？

—沟通中摆事实、讲道理。不要说"我觉得"，而要用专业的论据论证结论。

—不要说谎。谎言拆穿的那天，就是可信度破碎的时候。

—不要犯低级错误。比如数据少了一个小数点，文章中出现错别字。

—注重自己的形象。特别是专业场合，应当挑选符合这个场景的着装。

—懂得如何介绍自己。比如在做分享时，第一页加上个人在这个领域上的成绩，会更让人信服。

回到前文的案例，小萍在入职之后犯了一次错误，在给大领导的材料里面，将去年和前年的数据写错，这件事直接影响了她和师父信任关系里的"可信度"：师父觉得她专业能力不行。

5.3.2　可靠度

可靠度类似我们经常提到的靠谱，即你是个值得托付的人。关于可靠度，有两个关键词：第一是多次接触；第二是言出必行，而且要两者都满足才能实现，比如：

——通过一家快递公司邮寄了 1 次货物，它按时到达，我们很难判断它是否可靠。

——通过一家快递公司邮寄了 1 次货物，它没有按时到达，我们会判断它不可靠。

——通过一家快递公司邮寄了 10 次货物，都在规定的时间到目的地，那么这家快递公司大概率会被认为是可靠的。

可以看到，可靠度不是那么容易建立起来的，它是个人的期望得到反复验证之后的产物。在提升可靠度上有一个技巧，那就是前几次接触做到言出必行。心理学上有个词叫"首因效应"，是指交往双方的第一次印象对今后关系会产生重要影响，说的就是这个道理。除此之外，还有哪些技巧呢？

——珍惜自己的羽毛，慎待每一个出品。

——不要轻易承诺，承诺了就要兑现。

——在日常生活中做到靠谱，比如团建时不要迟到。

——到新公司任职的第一周，绝对不能迟到。

回到小萍的案例。有好几次师傅给了急活让小萍做，但她都没有按时完成，这直接影响了师傅对小萍"可靠度"的评价。

5.3.3　亲近感

亲近感指的是两个人在个人情感上的接近程度。我们之前做培养项目，会设计一个环节——"人生地图（Life Mapping）"，参与人在白纸上画下从 5 岁记事起到现阶段的人生曲线，横轴是时间，纵轴是幸福指数。这条曲线肯定是有高有低，有曲折也有平稳，每个人述说自己成长过程中经历的高峰、低谷，即最难忘的事情。在这个环节之前，学员之间并没有太多互动，但这个环节之后，奇妙的化学反应发生了：班级活动中，每个人都愿意贡献自己的力量；学习活动中，大家也都更愿意参与并达成目标。这背后的原因，就是大家通过"人生地图"这个环节，互相将自己的一部分坦诚地告诉对方，继而形成了情感上的连接。

所以，互相交出内心的一些小秘密，可以加速双方情感的联系。如何强化两人的亲近感呢？

—利用非正式沟通场景，比如吃饭时的交流。

—准备一些适合互动的话题，比如每天看看微博热搜，了解最近大家都在关心什么。

—主动做自我介绍，并在自我介绍里加入一些能增进双方了解的信息，比如学校、爱好、家乡等。

—利用微信朋友圈，比如给对方的内容点赞和评论，形成良性互动。

—逢年过节发定制的微信祝福。

回到小萍的案例。小萍遇到师傅绕着走，刻意地拒绝了和师傅建立亲近感的机会，继而造成了双方感情上的疏离。

5.3.4 自我导向

自我导向可以简单理解为自私，即只关心自己的利益。如果一个人从动机层面就是利己主义，一般我们会很怕与这类人建立关系。我们之前跟一个老师约课，在沟通中他不关心学员的具体需求，明确表示只能按照他的标准课件来讲。而另一个老师会在课前和我们一起做调研，共同探讨可以讲授哪些知识解决实际问题，甚至会为学员定制课后复习资料。两者一对比，能够明显感觉到后一位老师更"利他"，我们也自然更愿意与他合作。

如何避免自我导向？

—理解对方的需求是什么，然后找到对应的解决方案。

—避免有事才求人，日常也要维护好关系。

—不着急做判断，而是沟通清楚具体是什么问题，然后予以回应。比如，对方说自己不舒服，这时候你不应该说"吃点治拉肚子的药"，而应该了解清楚是什么原因导致了现在的情况，再给出针对性答案。

回到小萍的案例，她多次跟师父提想做"更有价值的事"，没有站在部门和师父的角度去思考应该做什么，这会让师父觉得，此人只关心自己，于是给她贴上了"利己"的标签。

由此我们看到，要让他人愿意帮你，前提是你们之间要形成信任关系，即从四个维度做好准备工作：

（1）可信度：有相关的专业技能，并且看起来也有相应的专业感。

（2）可靠度：多次接触，言出必行。

（3）亲近感：建立情感上的互动。

（4）自我导向：不能只关注自己的利益，也要关心他人的利益。

5.4

观察：让他人的经历成为你的经验

在向他人学习时，常用的方法有两个：一是观察法；二是访谈法。在这一节里，我们先聊聊观察法。

5.4.1　观察记录表

早期在学 PPT 时，我看了苹果公司的很多案例。苹果公司的 PPT 非常简洁，一页可能就是一个数字，或者一张图，配合着乔布斯的演讲，被传播到世界各地。于是，在课堂作业展示中，我也模仿着这么做，以为会得到老师和同学们的一致好评，没想却被老师批评：曹将，你这是偷懒吧。

背后的原因是：我没有理解乔布斯为什么这么设计 PPT，结果东施效颦。

对乔布斯而言，演讲的核心是表达，PPT 只是辅助，重点用来展示设备的细节。但我的场景不同，我的目的是讲清楚论文的观点和推导流程，老师要拿着这份材料为我评分，所以它的作用更偏向于阅读，这时候，用苹果公司那样的 PPT 就不适用了。

——所以，情景与任务的匹配很重要。

前文里提到，刚工作时，我通过观察同事来学习如何做出差准备，当时也经历了一些波折。我看他就打了两三个电话，做了个流程表单，觉得很简单。等到自己操作时，才发现有很多隐藏的"坑"。比如，领导突然有其他事，行程要临时改变该怎么办？再比如：在调研过程中，领导会问很多当地的情况，表单有的还好说，但如果表单上没有该怎么办？

后来再仔细观察前辈的做法，才发现，他在电话里会跟当地的同事明确沟通具体流程以及备选方案。在流程表单之外，还会有两三页材料介绍当地市场和被调研企业的详细情况。

我这才意识到，观察对方的动作，不能只看表面上做了哪几步，也要打开这些步骤，看到其中的细节。这些细节，很大可能决定了成败。

——所以，行动的细节很重要。

之前别人向我推荐了一门课，讲课的老师有不错的履历，课程主题是做自媒体的经验。我也试着用他给的方法去尝试，比如怎么取标题，怎么行文，但阅读量反而下降了。后来我突然想起老师也有公众号，点击进去一看，他的号阅读量也就一两千，点赞不过二三十。如果方法真的这么好，为什么在自己的公众号里没有成效？

——所以，结果也很重要。

这三个踩过的"坑"，对应的是观察他人的三个关键内容。

（1）Situation&Task（情景和任务），即在什么背景下要达成什么目标。如果我们不知道对方做这件事的背景，很容易东施效颦。毕竟场景不同，使用的方案大概率也要进行调整。

（2）Action（行动），即他采取了什么行动。行动一定要具体，因为抽象的东西只会让你"感觉懂了"，只有具体的行动才会让你知道"怎么去做"。如果我跟你说"PPT 设计要使用无版税的高清大图"，这对你有帮助，但无法真正帮助到你具体的操作；但如果我再给你下面两个网站，你便知道去哪里找优质的图片：

——unsplash.com。

——pixabay.com。

（3）Result（结果）：即通过行动最后取得了怎样的结果。为什么要看结果？这能帮助我们评估行动的有效性。如果他通过这些方法取得了不错的成绩，那至少证明在当时的情景下，这样的动作是有效的，那我们的参考价值就会高很多。但如果一个人讲的方法看起来很正确，但结果却不如人意，那肯定某个地方出了问题。

以上三个部分是我们在做观察时要重点关注的内容。观察他人之后，我们会模仿，这时候，就要观察自己的实践情况，重点看两方面内容。

第一，My Action（我的实践），即用自己的行动去验证观察到的做法。这个过程其实就是验证是否"适配"。毕竟很多人的做法只适用于他自己的场景，其他人要模仿很难。比如：有的人找灵感的方式是跑步，但对我来说跑步之后大汗淋漓，很难产生灵感；我找灵感的方法是看书（比如哲学类的书），但这也不一定适用于其他人。所以，如果遇到了你觉得好的借鉴内容，建议自己去实操一遍，这样既可以巩固学习内容，也可以帮你判定这个内容是否适合自己。

第二，My Result（我的结果），即具体实践后取得的结果。效果不错，就可以把这套方法固化下来。效果一般，可以思考是什么原因。如果是个人的原因，那就算了；如果是环境原因，那么可以考虑换个场景尝试。

我们把前面提到的观察内容拼起来，就是一份观察记录表，取名为STAR-AR。每次当你想要观察学习一个人做事的方法时，便可以完成表5-1。

表 5-1　观察记录表

主题：		
序　　号	观　　察	内　　容
1	Situation&Task（情景和任务）	
2	Action（行动）	
3	Result（结果）	
4	My Action（我的实践）	
5	My Result（我的结果）	

这张表适用于各种场合下我们对他人的观察，接下来用一个案例来说明。

2021 年，我主导了一个精品案例评选活动。8 月底，我们收集了 200 多份子公司开发的案例。接下来分门别类，发到各个相关部门进行评选。其中一位同事拿到我发过去的 50 份材料后，又做了两件事：

（1）在 Excel 里将案例又分为多个子类别，方便领导按主题来阅读评价。

（2）在 Excel 表的末尾添加了一行备注：每篇案例文章 2500 ～ 5000 字，平均阅读时间为 5 分钟 / 篇。方便领导评估要花多少时间。

接下来，他拿着这份材料给部门领导评审。后来在收评分表时，我跟他的领导交流，领导对他评价非常高，因为他会站在领导视角思考问题，帮领导节省时间。

之后，我也参考了他的做法，比如在发给他人文件后，同时说明"PPT 有多少页""希望重点看哪些内容"。对方反馈说，确实帮他们节省了时间。

表 5-2 为上述案例的 STAR-AR 表。

表 5-2　如何节省他人阅读材料的时间？

主题：如何节省他人阅读材料的时间？		
序　号	观　察	内　容
1	Situation&Task（情景和任务）	请领导阅读案例材料
2	Action（行动）	（1）将案例分类 （2）注明每篇花多少时间
3	Result（结果）	领导给予好评
4	My Action（我的实践）	在发给他人文件后，说明有多少页，希望对方重点关注哪些内容
5	My Result（我的结果）	对方反馈说节省了他们时间

5.4.2　如何观察学习身边同事？

同事是我们最常打交道的伙伴，他们的许多好习惯、好做法都可以成为我们观察的内容。但是，很多人也会疑惑：我总不可能一天到晚偷窥他们吧？这倒不必，有一些场景天然就为我们观察学习提供了捷径。

1. 业务会议

业务会议是我们向他人学习的重要渠道，特别适合刚到一家公司的新员工。

2016 年，我到湖北保利轮岗，当时营销部的部门经理陈治是我的师傅。他给了我一个任务，每次开会由我来做会议记录，而且必须是一字一句完整记录。我很难接受，这不是明摆着让我干杂事吗？虽然心有不甘，但也架不住人家是领导，自己只是小兵。

第一次会直接给了我一个"下马威"，6 个项目的负责人轮番汇报各自的策划，之后其他人提建议，会整整开了三小时。在这个过程中，我必须保持极高的注意力，不断地打字。结束后还要对照着录音修正文稿，当晚熬到凌晨 1 点。

第二天交给师父时，他问："感觉怎么样？"我回复了一个苦笑。他看出了我的无奈，说："你现在是新人，新人旁听会议时，最怕的就是走马观花。为什么要让你把所有人的话记录下来？因为你可以了解到每个人发言的侧重点。他们都是前辈，这些信息输入对于你以后的工作会有非常大的帮助。"

接下来，他与我一起分析每组方案的特点：有的从细分群体（高知女性）入手，有的则从地区客户特点（返乡客）着手，还有的从物业类型（公寓）找到方向。不同的视角，带来不同的思考角度。而大家给出的建议，则是在补充每个方案的不足。如此一来，我哪里是在做记录，分明是收获了六七个具体的方案！

这个习惯我一直保存至今。只要是开会，一定要记录他人的做法，一定要保证自己从中有所获得。这样，在日后的工作中遇到类似场景，自己便能马上借鉴。

所以，业务会议是可以重点关注的偷师场景。关注什么呢？推荐以下方向：

—对方的观点和思路。

—对方的表达技巧。

—对方的 PPT 设计。

—对方如何回答领导提问。

—遇到冲突场景时如何扭转局面。

—会议负责人如何策划重要的会议。

2. 微信群聊

群聊其实可以理解为另一种形式的会议，只是它没有那么正式。在群聊里，我们可以获得三类重要的信息。

（1）工作文件。领导和同事经常会在群里发各种文件，这些文件可能跟你没关系，但是你也可以下载下来，看看他们如何组织内容。比如，我虽然是做培训工作的，但也会看看群里激励约束相关的内容，里面很多措施也适用于日常的管理工作。

（2）领导点评。领导收到文件以后，会对内容进行点评。比如哪里要调整格式，哪里要补充数据。对照着文件，我们可以大致理解领导的关注点，再通过之后其他同事的回复以及修正过的材料，学习怎样才能让领导满意。有一次领导提到，内容太长，需要有一则简要说明。于是之后发送内容较多的文档时，我都会配上说明。

（3）表达技巧。有一次我被拉到一个群里，里面有合作方。当时另一个同事在跟合作方谈价格，局面有点僵。同事是怎么做的呢？他先是强调了一下双方合作不止一次，以后也希望有更多互动，然后再抛出观点"价格再优惠一些"。这个方法我之后也借鉴，用在其他场合，毕竟双方都是追求长期合作。

3. 出差调研

和同事或领导出差，是一个非常重要的观察学习机会。出差过程中，每天一起坐车、一起吃饭、一起调研、一起开会，他的一举一动都可以看见，这样的观察不会显得突兀。

有一次我和同事去某地出差看项目，他带着 iPad，上面有一张地图，地图上是项目的分布。在看项目时，他会在地图上标注一系列信息，比如项目售价、总建筑面积、客户群体等。我问他为什么这么操作。他说，调研完所有项目后，便能拿着这张图跟领导说明当地的基本情况。另外，他还补充道：他人对数字是没有感觉的，但如果有一张地图，瞬间场景感就有了，也愿意听你讲下去。

学到这一招后，我把它用在了工作中，比如要说明各个城市的房地产市场容量，与其做一系列图表，还不如直接用热力图表示，展示效果一目了然。

4. 与合作方共事

在企业里工作，我们会跟很多合作方打交道，它们可能是咨询公司，可能是上下游公司，算是广义上的"同事"。从它们身上，我们也可以观察和学到有用的技巧。

比如，之前和一家公司做培训项目，在培训最后一天，学员要进行汇报，而我们也请到了公司领导作为评委。当时他们给领导准备了一个小册子，介绍每个小组的汇报内容，这不特别，我们以前也会做。但是，让我出乎意料的是，他们还准备了一份"提问清单"，即领导在学员汇报结束后，可以从哪些角度提问，比如：

（1）可以从内容角度提问。例如："为什么选择了这个研究方向？"

（2）可以从研究方法角度提问。例如："有没有考虑过研究竞争对手？"

（3）可以从对公司的价值角度提问。例如："这么做对公司最大的价值是什么？"

（4）可以从落地性的角度来提问。例如："如果要落地，需要多长时间？需要提供怎样的支持？"

（5）可以从学员的投入角度提问。例如："整个过程中你扮演了什么角色？"

（6）可以从收获的角度提问。例如："这次完成作业，你更新了哪些观点？有哪些特别的收获？"

有了这些，领导便有了两手准备：听汇报时有疑问，就问自己的问题；如果没有疑问，就使用这些备选问题。后来只要是重要场合，我们也会准备类似的清单，保证现场不会出现没有提问的尴尬情况。

5. 有大领导在的时候

这里的大领导是指董事长、总经理、业务板块负责人等。有大领导在的时候，每个人的发言一定是经过精心准备的，所以有意识地观察，可以积累大量的表达素材和表达方法。

之前我参加过一次总经理交流会，总经理希望了解员工的工作状态。在这个过程中，我一直记录大家的发言，最后总结了一些规律。

第一，内容选择上，大家基本围绕三个方面展开：

（1）工作多年的感受。一是精神层面，比如在这里找到了归属感、奋斗感、包容性、活力；二是工作层面，比如学会了站在更高的视角看问题、工作要更务实。

（2）提升工作效果的建议。结合自己的工作展开，比如总部在与子公司的交流时，要多说如何去做，而非直接否定；制度进行更新，强化它的时效性和可靠性；要建立好梯队，打造人才供应链。

（3）总结自己的工作内容。比如最近这一年主要做了哪几件事。

第二，结构梳理上，大家主要用到了三种逻辑架构：SCQA、PREP、金字塔。

1. SCQA 结构：用冲突吸引注意力，提问并解答

—S：Situation（情景）："刚来总部的时候……"

—C：Conflict（冲突）："遇到了一个问题……"

—Q：Question（提问）："那怎么解决呢……"

—A：Answer（答案）："我认为可以这么解决……"

2. PREP 结构：就一个论点展开，强化领导对这件事的关注

—P：Point（提出立场）："我们应该多利用资本市场的融资工具。"

—R：Reason（阐述理由）："它可以大幅降低融资成本，目前借债的成本是 ×%，而股权融资则是 ×%。"

—E：Example（举例说明）："例如我们今年通过 ××，降低了 ×× 成本。"

—P：Point（重申立场）："所以希望领导能给予支持。"

3. 金字塔模式：总分模式，可与前面两个结合

—总："我认为来到公司后这么多年，公司规模增长了，人员也增多了，有很多变化，但也有三个不变。"

—分一："奋斗的文化不变，因为这是我们的内核，例如……所以奋斗精神一直在我们的骨髓里。"

—分二："执行力不变，因为……例如……所以……"

—分三："稳健经营不变，因为……例如……所以……"

通过这个观察，我收获了三个内容选择的方向和三个表达的逻辑技巧。

5.5

访谈：带着问题去偷师

观察虽然很有用，但它也有缺陷：很多操作方法只能靠自己去总结，有时候可能并不完整。

我们公司有一个重要培养项目叫"百帅计划"，它是跟全球著名的人力资源咨询公司光辉合益合作设计与交付的。在第二次合作开碰头会时，本以为它们是直接亮出方案，毕竟已经有过合作基础，不承想它们先亮出了"设计思路"，围绕"这一次与第一次的共同点和差异点"展开，接下来再说明具体的方案设计。

当时我感觉这个汇报逻辑很妙，于是偷偷地按照观察记录表做了记录：

—Situation &Task（情景和任务）：大家已经有过一次合作，在第二次沟通时，提升沟通效率。

—Action（行动）：第一页亮出设计思路，从"共同点"和"差异点"展开。其中"共同点"的基础是上一次获得学员和领导好评的部分，如"培训模块"和"行动学习"；"差异点"的基础是上一次有待提升的部分，如道理比重可以减少、方法的赋能可以增加，理论知识可以减少、实践培养可以增多。

—Result（结果）：因为知道"保留什么"和"更改什么"，我方对于项目的方案理解更快，沟通重点也就更加清晰。

会后，我借吃饭的机会跟咨询顾问聊，说这个汇报逻辑很不错，以后我也要学。这时候，他们跟我说，也不能照搬，如果是跟大领导汇报，还是要先说"项目的目标和成功时的样子"，即投入产出效果，因为这是领导最关注的。而这次跟我们如此沟通，是因为作为项目策划和执行人员，我们最关注"具体应该怎么做"。侧重点不同，方案设计也会有差异。

这段对话后，我马上在观察记录表的"情景和任务"栏里加上了一条备注：如果是跟大领导汇报，先说"项目的目标和成功时的样子"。

这就是访谈的好处：可以了解到事情背后的前因后果，以及操作时的注意事项，这样在具体行动时才能避免一些隐藏的"坑"。

怎么才能做好一次访谈呢？有些朋友跟我们比较熟，约个饭闲聊就能获得关键信息。但也有一些没那么熟的朋友（甚至是陌生人），在跟他们沟通时，就要强调效率，这时候就需要认真做好准备。

5.5.1　访谈五步法

要完成一次成功的访谈，需要做好以下五个步骤。

■　第一步：提前准备。

在访谈之前，最好搜集和整理三类信息：

（1）对方的个人信息。例如年龄、学历背景、是否已婚、是否有孩子、目前在哪工作、家乡在哪。这些信息可以帮助你更快地找到和对方的共同点，更容易打开话题。

（2）你的核心问题。也就是这次交流中，希望受访者答疑解惑的地方。这是交流的目的，所以有必要梳理清楚，才能保证聊天时话题不会被带偏。

（3）你的个人介绍。准备一个简短的自我介绍，如果你与对方有一些共同点，可以重点强调，比如"我毕业于中山大学，是您的师弟"。

■　第二步：开场预热。

两个人刚坐下的时候，建议有一个预热环节。一般套路是：

一用自我介绍预热。有意识地突出跟对方类似的地方，借此破冰。

一用一些生活琐事预热。比如"今天真的好堵"；"广州的天气真的多变，果然是妖都"。

■　第三步：进入正题。

预热结束后，就要进入正题。这时候可以用简单的两句话说明本次沟通的方向，让对方也心里有数。一个典型的表达如下："很高兴今天有机会跟老师见面，一直有个问题想请教，希望老师您能帮忙解答。"接下来，便可以根据之前准备的问题进行访谈。

■　第四步：询问重点。

很多问题对方可能一带而过，这时候就需要我们层层深挖，找到更细节更具体的答案。这里有五个技巧。

（1）情景重现，即回顾当时的具体做法。例如："老师当时完成了这个看起来不可行的方案，具体是怎么做的呢？"

（2）追溯细节，即追问一些具体的细节。例如："老师您提到去找资料，想问一下，是去哪里找资料呢？"

（3）识别障碍，即找到做一件事可能面临的挑战。例如："如果是一个新人，在操作时会遇到什么陷阱呢？有没有什么注意事项？"

（4）提炼方法，用自己的话整理出操作方法。例如："老师，可不可以这么说，一共包括三个步骤，第一……第二……第三……"

（5）资源推荐，即让对方提供一些相关学习资源。例如："那老师，如果我需要再提升这方面的能力，有没有推荐的书或者公众号呢？"

■ 第五步：表达感谢。

在结束后，务必及时表达感谢。表达有两个时机，一个是访谈结束时，另一个是访谈结束后。

一访谈结束时，表达口头感谢，例如："感谢老师您的分享，我们收获很大，之后如果有一些不理解的，可能要再麻烦您。"

一访谈结束后，比如在回家的路上，可以给访谈对象发一条信息，说明今天的收获，并表达愿意为他提供力所能及的帮助。例如："感谢老师，今天的收获很大，自己也会努力向老师看齐。以后如果在房地产领域有需要帮忙的地方，一定义不容辞。"

5.5.2 访谈的五个挑战与应对策略

上面五个步骤是完成一次访谈的全流程，而在具体操作中，可能还会遇到一些麻烦场景，我们该如何应对呢？

1. 如果对方偏题怎么办？

有时候访谈到中途，对方侃侃而谈，结果方向走偏，再聊下去很容易失焦。怎么办呢？我有一个绝招，那就是：找到关键词，然后使劲往回拉。

比如，有一次跟一位老师交流，我的目的是了解授课技巧，而他一直聊在上一家企业授课的故事。这时候，我赶紧说："老师，刚刚您说到场面控制不好时，学员会离场，那之前应该做什么准备工作，保证场面有效控制呢？"

在这里，关键词就是"场面控制"，基于它将话题拉回到"授课技巧"这条主线。

2. 如果对方说话很抽象怎么办？

在访谈时，很多时候对方会说一些很抽象的词，比如"很多""非常""大量""努力"，这些词正确但没价值，所以一定要追问，澄清信息。

比如，当对方提到"我看了很多书"时，可以问一下："那么老师主要看的是什么书呢？可否推荐一下？"

这里分享一个绝招：打分法。这很适合用在"评价"的场景里，比如你问对方"这本书怎么样"，对方大概率会说"还不错"。那么我们可以换一个问法："如果是 10 分，您觉得这本书可以打多少分？"这时候，无论结果是多少分，你都可以深挖下去。比如对方说"7 分"，那你就可以接话了——"那您觉得它距离满分差在哪里呢？"

3. 如何挖掘更多信息？

如果希望从对方那里挖掘更多信息，可以考虑下面这两个方法：

一换个场景。比如：当谈到职场人应该注意什么时，可以假设一个场景，例如"新员工入职时应该注意什么"，这样便更容易得到具体的答案。

一换个方向。比如：在聊到某件事很重要时，可以追问："如果没采取这个动作，会发生什么呢？"类似的还有："下一次重新做的时候，你觉得有哪些步骤要特别注意？"

4. 如何体现尊重？

因为你是向他请教，所以一定要表示出学生对待老师般的尊重。怎么体现出来呢？

一做笔记。这可以让对方感觉到你在认真听，并且觉得他的话很有价值。当然，也不要全程都做笔记，在讲到重点时做就可以了。

一点头。在对话过程中，点头表示认同。对方感觉到了你的认同，也会更有成就感。特别注意，点头的时候记得看着对方的眼睛，否则你的点头可能会被误以为要睡着了。

5. 遇到不懂的信息该怎么办?

有时候对方会提及一些我们不理解的信息,这时候我们可以先记录下来,然后在他说完以后问一下。参考的表述有:

——"您刚刚提到的 ××,可不可以再详细说明一下?"

——"刚刚您提到的 ××,可不可以这么理解……"

5.5.3　我的一次访谈回顾

2017 年,我们接到一个任务,要完成一份长租公寓的行业分析报告。其中有一个模块是"如何判断一家长租公寓公司的好坏"。在网上可以查到一些资料,比如看企业的财务状况、集团公司对该业务的支持情况。但是我们很想知道还有没有其他标准,这样可以更好地确定报告的写作思路。

要得到更深入的洞察,一个比较好的咨询对象就是券商的研究分析师。因为他日常会调研大量企业,然后给出相对专业的判断。于是,我们通过公司董事会办公室的同事,联系了一位券商的研究分析师,约好跟他做一次访谈。

■　第一步,提前准备。

在开始之前,我做了三件事。

(1)准备一份自我介绍。因为都是做研究的,所以这份自我介绍里重点突出了我主要负责的研究领域,这样能让双方有一些共同的话题。

(2)准备自己之前研究的一些内容。在沟通中不能只是他输出,我也应该有一些自己的东西可以分享给他。

(3)准备一份访谈提纲:

——"您怎么看待长租公寓模式?"

——"您目前最看好的企业是哪一家?如何判断它是最好的?"

——"相对来说不看好哪家企业?为什么不看好这家企业?"

——"未来长租公寓企业的发展,您认为会走怎样的路?"

里面的核心问题是后三个,即从正面和反面分别来看长租公寓的判断标准;而第一个问题则是用来打开话题,因为开门见山会显得比较突兀。

■ 第二步，开场预热。

当天刚好券商分析师来我们公司拜访，于是就约他到会议室交流。一开始，我们互相做了自我介绍。当他听说我们对房地产市场有多年研究之后，我们交流了一下市场判断的标准。5 分钟下来，大家比较熟络了。

■ 第三步，进入正题。

接下来便是进入访谈提纲，逐一交流问题。

■ 第四步：询问重点。

当我们问到"您目前最看好的企业是哪一家"时，他的答案是某家房企的公寓公司。于是我们追问为什么，得到的答案有四个：

（1）有钱。它们家底厚，这样轻资产模式（运营别人的公寓）和重资产模式（运营自己的公寓）都可以做。

（2）意愿够。它们内部的领导是真的支持做长租公寓，它们甚至愿意拿地产的利润来补贴公寓的运营。

（3）内部激励够。只要拿到符合要求的项目就会给予投资奖励，甚至也做了跟投机制（负责人出资到项目里，赚了钱可以得到分红）。

（4）区域独立运营。它们不受地产公司的影响，保证了运营的灵活性。（注：很多地产公司做公寓，公寓都是属于其中一个事业部，必须听地产公司领导的指挥。）

按理说到这一步看起来已经够了，但我们顺着他说的内容继续深挖了其中的细节，比如："怎么定义符合要求的项目？""投资奖励是多少？"他也提及这家企业"没有一套标准化的运营模式"，我赶紧追问："那哪家公司的标准化运营模式做得不错？"于是得到了一家可以后续去调研的企业。

有了这些具体的做法，我一方面了解了核心信息，为报告准备了资料；另一方面也获得了其他企业的信息，甚至还请他帮忙链接了一下标准化运营模式做得不错的企业。

■ 第五步，表达感谢。

访谈结束时，跟他表达了口头感谢。5 分钟后，也发了信息："感谢今天的分享，收获很大，之后如果有一些不理解的，还可能要再麻烦。如果您有任何需要，也清随时联系。"通过这样的方式，持续保持连接。

整合：将多渠道信息梳理成体系

很多时候，要解决某个问题，或者快速了解某个领域，偷师一个对象远远不够，这时候就要咨询多个"老师"，整理大量信息，之后再找到内在规律，形成一套体系。这背后包括以下三个步骤。

（1）围绕要解决的问题，找到多个"老师"。

（2）持续搜集整理，得到足量的信息。

（3）找到内在规律，形成解决方案。

接下来分享一个案例。

在国企或事业单位里，经常需要写总结或发言稿。除了要说清楚道理、讲清楚事实外，还需要对词句进行润色，让表达更有力度或更有温度。例如：

一要表达体系性地做好一件事，可以说：抓统筹，促协调。

一要表达领导干部把事做到位，可以说：敢担当，勇作为，强效能，抓落实，重执行。

我本以为自己写了那么多自媒体文章，应该没有什么问题。但后来发现这类文章有一套自己的行文规范，完全是两套体系。发现了这个盲区后，我通过三件事进行了有针对性的提升。

第一，找到三类公文信息获取渠道。

（1）官方表达渠道。

（2）外部优秀案例渠道，如"老笔头"公众号、企业家讲话。

（3）内部优秀案例渠道，如"保利发展"公众号、"保利物业"公众号等。

官方表达站位更高，外部优秀案例渠道更广，内部案例渠道则更加契合公司实际情况，三个维度的素材互相补充。

第二，持续搜集 100 多个案例。

在接下来的一周时间，我持续阅读了三个渠道的文章，然后整理了 100 多个案例。

第三，找到案例内在规律。

搜集了 100 多个案例之后，我有两个选择：其一，放在那里，以后写作时翻阅参考；其二，对它们进行归类，找到内在规律。前者就是搭建一个素材库，后者则是建立体系。我选择了后者，因为建立体系的过程就是吃透案例的过程，只有吃透了，才能将知识变成自己的。

例如，有一类表达都是三字短语，它们的特点是更有力量感，于是我把它们做了归类，取名"三字类"：

一搭体系，建规则，推创新，控成本。

一抓统筹，促协调，转方式，优布局。

一补短板，固基础，强弱项。

一抓重点，创特色，提水平。

一敢担当，勇作为，强效能，优服务，抓落实，重执行。

一长士气，添豪气，凝人气。

一稳增长，促转型，破难题，激活力，固根本，树形象。

一找差距，树标杆，促发展。

一开短会，讲短话，发短文。

一经风雨，见世面，壮筋骨，长才干。

顺着这类思路，一共整理出五类表达方案，并且总结了它们的特点。这样以后若有需要，便能马上知道采取哪种方案。

（1）三字类。三字组成的词，让表达更有力量感，如：搭体系，建规则，推创新，控成本。

（2）同字类。有同字的词句，让表达更有体系感，如：抓领悟，抓解读，抓引导，抓落实。

（3）数字类。用数字来提炼，更容易被记住，如：紧盯"一个核心"，推进"三大战役"。

（4）比喻类。用事物来类比，让表达容易被理解，如：打造提升能力的"熔炉"，建设检验能力的"考场"。

（5）单字类。强调某个单字，让关键词记忆深刻，如：在"统"字上下功夫，在"融"字上做文章，在"新"字上求突破，在"深"字上见实效。

5.7 适配：对方的方法适合我吗？

得到了那么多信息，接下来我们需要做一个评估：这适不适合自己？毕竟，同样的方法，不同的人使用，效果各不相同。举个例子，我观察了一位牛人，发现他之所以能跟他人建立良好关系，是因为很能喝酒，擅长组织聚会。但是对我这个酒量不行的人来说，难以实践。

所以，在匹配度上，一般重点看以下四个维度。

（1）身体维度。有些事情随着身体状态不同，采用的可能性也不同。比如：二十多岁时熬一个通宵，第二天依然可以活蹦乱跳；但是过了30岁，超过凌晨入睡，第二天工作效率就会大打折扣。

（2）价值观维度。有些事情如果突破你的价值观底线，会本能地选择拒绝。比如：有的人成功是因为榨干下属的劳动力，但如果你觉得上司和下属应该是良性互动关系，应该互助成长，那么自然就不适合你。

（3）性格维度。不同的做事方法，对不同的人效果不同。在第1章里我们提到了4种性格特质：DISC。我们会发现，谨慎型（C）特征突出的人会强调做事时一定要考虑全面、深思熟虑，但是这种方法如果让支配型（D）特征突出的人去采用，就会很难，他们更喜欢的是当机立断、使命必达。

（4）场景维度。有些方法看起来很好，但是场景上可能并不适合你。比如，举办发布会的经验，它既不适用于你的现状，你大概率以后也不会遇到，那么这个经验对你的价值就不是那么大。

阅读到这里，你肯定会问：这么看来，别人的很多经验岂不是都没用了？这里有三个破解的思路。

（1）针对身体维度和价值观维度不同的情况，建议换个对象。比如，年轻的时候可以通宵，但本质是为了完成工作，这样我们要找的借鉴对象应该是时间管理做得好的人，而不是精力旺盛的人。

（2）针对性格维度不同的情况，建议进行微调。比如，你是支配型（D）特征突出的人，虽然不能做到深思熟虑，但是可以在做事前多考虑一下，或者找其他人商量一下，这样也可以适度地改善。

（3）针对场景维度不同的情况，建议挖底层思维。比如，"如何开一场发布会"的主题与你不匹配，但这属于"项目管理"的一个应用场景，还是可以参考使用的。

5.8 框架：识别他人成功的关键要素

5.8.1 不要被牛人"骗"了

去听牛人的演讲，会发现他们真的太厉害了：做战略决策时，总能抓住风口，还有一套系统的模型；面对大的项目，总能运筹帷幄，马到成功；面对内外部矛盾，总能抽丝剥茧，找到核心突破口。总之，这一切的一切，都证明了一点：他确实很牛。但真的如此吗？

我转岗到 HR 部门以后，虽然做的是培训，也会经常接触招聘专家。在交流这个问题的时候，他们给出了一个观点：人都会刻意美化自己的经历，特别是在重要场合，将功劳都说成自己的，甚至是伪造经历。

招聘官有一个重要的职责就是去伪存真，用到的方法叫"行为面试法"。这个方法的核心是针对特定场景，打破砂锅问到底，验证事情的真实性，然后对被面试者进行能力评价。这个方法的本质，就是找到真实的证据，证明他可以。

比如，一个人说他管理团队很厉害，那么面试官就会问：可以说一个带领团队打胜仗的案例吗？等他说完，面试官继续追问：

—当时团队有多少人？

—下属的平均年龄是多少岁？

—之前的业绩怎么样？

——当地的其他公司业绩如何？

——当时的目标是多少？

——在这个过程中重点做了哪几件事情？

——在这个过程中有没有遇到什么困难？你是如何解决的？

——当时下属有没有提反对意见？你是怎么说服他们的？

——最后取得了怎样的成绩？

（以上问题来自《汤君健：给中层的管理课30讲》。）

有了这样的追问，我们可以发现经历中哪些是真实的，哪些是虚构的。当然，在实际操作中，我们很难有机会跟他人聊这么多内容，但我们可以在大脑中建立一个框架，去判断到底哪些因素驱动他的成功，这就是接下来要讲的"识别成功背后的关键要素"。

5.8.2　识别成功背后的关键要素

对于大多数人来说，要做成一件事，除了外界的天时地利和总会被提及的"努力"之外，离不开以下10个驱动因素。

1. 能力

前文我们提过，能力是指个人掌握的知识和技能。这是支撑大多数人做成事的基本条件。比如：你要完成一场精彩的演讲，表达能力肯定是基础。同时，这也是很多人会刻意夸大的一个因素，好像他的成功都是源于能力强。但事实真的如此吗？有一定社会经历以后，你会发现事实并不只是如此。

2. 魅力

魅力是指让人愿意亲近的某种特质，它能创造人和人之间某种特殊的喜爱关系。一般来说，魅力受到个人的长相、谈吐、着装、个性等因素影响。比如，其他条件一样的两个人，一个邋遢，另一个整洁，后者大概率更容易收获他人的好感。

3. 资历

资历是指一个人的阅历和经验。人们更容易对资历较深的人产生敬重感。比如有些老员工，虽然职位不高，但因为伴随公司从初创走到了行业前列，人们也会尊重他的意见。

4. 职位

职位是完成某项工作 / 任务所对应的位置。有更高职位的人做事一般来说更容易，因为他有权力。比如：有的高管做公益项目，即使自己没有特别要求，下属也会参与进来积极完成。

5. 辐射权力

辐射权力是指因为与有权力的人存在某种亲近关系，继而能影响别人，从而拥有的一种成功筹码。比如：我有个朋友在追女友时，会给她的室友买很多礼物。因为在他看来，室友们可以帮他美言，继而让女友对他更有好感。在这里，室友就拥有"辐射权力"。

6. 信息

信息是指掌握其他人不知道的内容，这无疑是一种优势。比如开车，有的司机不认识路，就只能按照导航走；但有的司机知道如何"抄近路"，那么就能更快到达。

7. 金钱

金钱也是成功的一个重要推动力。比如在娱乐圈，经常就会听到"带资进组"，背后的逻辑就是用金钱撬开这扇门。再比如，有的人能在面对职场"天花板"时立马转型，因为他家境优渥，没有经济压力，自然没有后顾之忧。

8. 人脉

人脉是指个人的人际关系网。当你的人际网络比较广时，很多事情就好办了。比如，有的人想要做一件事，朋友们纷纷投资支援，对其他人来说很难获取的启动资金，他很容易就有了。

9.成功

一个人因为某件事的成功很可能会带来更多的成功，这背后的逻辑来自于信任。比如：你会发现领导总是把重要的事情交代给某个人，因为他在之前的工作中总能做成事。

10.知识管理

知识管理的核心，就是拥有一个你自己专属的资料库。一般来说，当你有疑问时，大多时候是去百度一下；而如果你有自己的资料库，那么遇到问题就可以在自己的库里搜索。这个库里的内容都是根据自己的需要筛选过的，所以适配性强，可以更好地拿来即用。有的人为什么能很快完成一篇稿子？因为他的文件夹里有100篇优秀的范例，他在写稿时能立马找到素材。

所以你会看到，一个人之所以能做成一件事，背后的原因非常多（如图5-1所示）。而我们要做的，是理解哪些因素扮演重要的作用，然后在观察、访谈中去找到它，并了解如何掌握这些关键要素。如此，才能更好地实现向他人学习。

图 5-1　一个人为什么能取得成功

5.9 我是如何成为 PPT 达人的？

说了这么多，我以自己的故事为例，分享一下在 PPT 上取得一些成果背后的原因。请大家带着问题来阅读：到底是什么因素，帮助我取得最后的成绩？

我的英语老师绝对想不到，那个被她说"PPT 做得太差"的曹将，之后会出一本书——《PPT 炼成记》，还卖了 10 万册。

故事的起点是 2008 年，那年我大一。有一次老师给全班同学布置作业，要求在下一节课上做展示，并用 PPT 辅助讲解。说来惭愧，我之前并没有接触过 PPT，于是马上利用业余时间学习软件，并完成了一个自我感觉还不错的 PPT。然而在正式展示的时候，却收到了老师的评价："PPT 做得太差了。"当时我很受挫，但也不知道怎么提高制作 PPT 的能力。

事情的转折点发生在大二，我转了专业。在另一门课的展示上，好友罗然的 PPT 受到了全班的赞赏。于是我赶紧向他请教，原来他一直以来都在"锐普 PPT 论坛"上学习别人的优秀成果。在接下来的时间里，我也去论坛上下载别人的模板，学习他们的设计，终于从"PPT 劣等生"升级到了"PPT 普通生"。这时候，另一个问题随之而来：想要继续提升，总感觉找不到方向。

既然 PPT 设计没有进展，我就把注意力放在另一件事上：PS。我从大一开始就加入了校报记者团，里面一共有四个组：文字组、摄影组、美编组和网络组。其中，网络组主要负责平面设计。有一位师兄是大牛，他的一张海报可以对外卖两三千元。于是我向他请教，他给出的答案是"多学习一些优秀作品"。我又问他的徒弟，答案是可以先买书学习，懂得 PS 的基本操作；然后再对照优秀作品临摹。有了这两条信息，接下来我就按这个模式来学习，结果，做出来的作品惨不忍睹。

虽然在 PS 上折戟沉沙，但我在 PPT 设计上却完成了一次突飞猛进。用罗然的话来说就是"你怎么提升这么快"。背后的原因就是：学习 PS 时，我临摹了一系列成熟的平面设计作品，这让我对配色、排版有了更深的理解。

毕竟，PPT作品与平面设计作品相比，其质量还是小巫见大巫。到这里，我完成了从"PPT普通生"到"PPT优等生"的转变。

在积累了一些自信之后，我开始写博客。2010年博客特别流行，火爆程度类似于现在的抖音。我在博客里分享了自己的一些PPT作品，吸引了几万人关注。这极大地激发了我的创作动力，接下来除了课程展示，我开始制作其他类型的PPT，比如读书笔记PPT。之后，微博火起来，我把作品也发到了微博上。

在微博上，我关注了"秋叶PPT"，刚好看到博主在组织一场设计比赛，于是赶紧报名，发送了自己的作品，没想到获得了三等奖，而且博主还和我互加了QQ。有一天他突然联系我，问要不要合作，制作一些PPT。这种机会肯定要把握，于是我马上回复"好的"。接下来一年，我们合作了十多个公益的和商业的作品。这段经历也让我理解了企业的需求，我的设计慢慢脱离了"学生气"，有了一些"商务感"，粉丝也增加到了六七万名。我完成了从"PPT优等生"向"PPT尖子生"的转变。

2012年，我来到广州读研。某天登录博客，突然看到一张"纸条"（类似于"私信"），是一位编辑发来的。她说看了我的PPT作品和相关文章，觉得很不错，想邀请我出一本书。当时导师正好要出国交流，给我留下一些"可支配时间"，于是我马上同意。接下来大半年时间，我都泡在图书馆里写稿。还好，之前储备了大量的文章和作品，所以写到相关主题，马上有案例做补充。终于，在2013年下半年完稿，2014年上半年出版了《PPT炼成记》。

刚开始出版社只印了3000册，但是没想到一周不到全部卖完。接下来又不断重印，到今天，仍然可以在网上搜索并买到这本书，销量超过了10万册。至此，我才真正称得上是"PPT达人"了。

好了，故事说完了。你看到了背后哪些驱动因素呢？

第一，能力。在PPT设计上，我训练了基础的PPT操作能力，即知道不同的按钮可以实现什么功能；通过学习优秀的PPT作品和平面设计作品，提升了审美和排版能力；通过公益和商务合作，增强了商务类PPT的设计能力。

第二，信息。从好友罗然那里得到一个学习PPT的网站"锐普PPT论坛"，这帮助我获得了大量的学习案例。

第三，人脉。在 PPT 升级过程中，我有三个恩人：一个是罗然，他帮我起步；一个是记者团的前辈，他刺激我学习 PS，这段经历之后又反哺到了 PPT 上；还有一个是"秋叶 PPT"，跟他合作让我了解了企业的需求，并实现了自我风格的一次迭代。

第四，知识管理。因为有前期文章和作品的积累，在写书时才不是从 0 开始，在需要案例时，能马上能从过往的成果里找到对应的素材。

第五，成功。读书时我在博客和微博上分享了很多作品，收获了几万名粉丝，这帮助编辑发现了我，并对后续出品和销量抱有信心，继而愿意跟我签合同出书。

所以你可以看到，如果仅仅是能力这一个维度，并不能保证一定能马到成功。成功是多因素共同促进的结果。

总　结

本章我们讨论了一个问题：如何更好地偷师？

（1）偷师的方法源于企业管理的"标杆管理"，即向优秀的对象学习。

（2）偷师的第一步是找准偷师对象，在职场里可以重点关注总部的同事、子公司的同事、国内的同行、国内某个领域的高手、国外优秀的老师。

（3）偷师的前提是建立和他人的信任，信任公式：信任 =（可信度 + 可靠度 + 亲近感）/ 自我导向。

（4）偷师的一个方法是观察，观察时可以用到观察记录表 STAR-AR，记录他人的情景和任务（ST）、行动（A）、结果（R），以及我的实践（A）和我的结果（R）。

（5）偷师的另一个方法是访谈，访谈时重点把握好五个步骤：提前准备、开场预热、进入正题、询问重点、表达感谢。

（6）在分析牛人的成功时，需要识别是什么因素驱动最后的结果，重点关注 10 类关键要素：能力、魅力、资历、职位、权力辐射、信息、金钱、人脉、成功和知识管理。

本章的总结如图 5-2 所示。

偷师：向你的良师益友学习

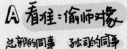

A 看准：偷师对象

总部的同事　孙司的同事

国内的同行　国内某个领域的高手

国外优秀的老师

B 准备：信任公式

$$信任 = \frac{可信度 + 可靠度 + 亲近感}{自我导向}$$

C 观察记录表

ST	情景和任务
A	行动
R	结果
A	我的实践
R	我的结果

D 访谈五步法

1 提前准备

2 开场预热

3 进入正题

4 询问重点

5 表达感谢

E 成功背后的关键因素

1 能力　2 魅力　3 资历　4 职位　5 辐射权力

6 信息　7 金钱　8 人脉　9 成功　10 知识管理

图 5-2　偷师：向你的良师益友学习

第 6 章

实践：从经历
里挖出金子

有一个故事，我每年都会重温一遍，叫《九段秘书工作法》。

假设你是一位秘书，总经理让你准备一场会议，你会怎么做？我们来看看不同段位的秘书是怎么做的：

- 一段秘书：发通知。通过电子邮件或微信发布会议通知，然后准备相关会议用品，并参加会议。

- 二段秘书：做跟进。在一段秘书的基础上，打电话确认与会者参会，保证每个人被及时通知到。

- 三段秘书：重检查。在二段秘书的基础上，第二天会提前 30 分钟提醒与会者参会，确定有没有人员变动；若有人临时有事，立即汇报给总经理。

- 四段秘书：勤准备。在三段秘书的基础上，测试投影仪、电脑等设备有无问题。

- 五段秘书：细准备。在四段秘书的基础上，了解这个会议的性质是什么、总经理的议题是什么。然后在征得总经理同意后，给与会者发去相关资料，供他们参考。

- 六段秘书：做记录。在五段秘书的基础上，做好会议记录。

- 七段秘书：发记录。在六段秘书的基础上，将会后整理好的会议记录（录音）发给总经理，然后请示总经理是否需要发给与会人员，或者其他同事。

- 八段秘书：定责任。在七段秘书的基础上，将会上确定的各项任务落实到相关责任人，然后经当事人确认后，形成书面备忘录，交给总经理与当事人一人一份。定期跟踪各项任务的完成情况，并及时汇报给总经理。

- 九段秘书：做流程。在八段秘书的基础上，把上述过程做成标准化的"会议流程"，让任何一个秘书都可以根据这个流程，把会议服务的质量做到九段，形成不依赖于任何人的会议服务模式。

关于个人成长有一个经典理论，叫"721法则"：70%的学习来自于真实生活经验、工作经验、工作任务与问题解决；20%的学习来自反馈以及向周围优秀的朋友（或同事）学习；10%的学习来自正规培训。

这个理论由普林斯顿大学创造领导中心（The Center for Creative Leadership）的摩根·迈克尔、罗伯特·W.艾青格、米歇尔·M.伦巴多提出。它揭示了一个重要的结论：实践对于学习来说很重要。

但是，有了实践就一定有学习效果吗？就如同我们都出去旅行过，有的人旅行归来会输出攻略，有的人旅行回来只有照片。他们的差异是：有没有在过程中不断总结，从经历中挖出金子。回到《九段秘书工作法》，最高阶的人做了跟旅行攻略类似的事：制作标准化的"旅行流程"。

这个道理看起来很简单，从小我们就学过"吾日三省吾身"，但是你会发现，它又似乎没那么简单。比如，在企业中我们经常参加各种总结大会，一个个上台，说是分享经验，最后听到的却是"众志成城""集中资源办大事"等抽象的表达，看起来很正确，但对他人来说，没有太多实质性参考价值。他们也在挖金子，但金子纯度不高。

那么我们到底应该怎样从经历中挖出高纯度的金子呢？在这一章里，我们将给出系统的解答。

6.1

复盘：经验的浪费是最大的浪费

2013 年我到某单位实习。在实习的第三周，我被安排担任领队，带着新员工从广州出发，参观佛山的项目。师傅给我的要求是：早上 9 点接到 40 名新员工，下午 5 点把 40 名新员工送回培训基地；保证过程中学员不出意外情况（如受伤、生病）。结果因为没有经验，出现了"这个人没到齐""那个人走散了"等情况，我焦头烂额，不知所措。

第二天回到公司，我十分郁闷。带我的师傅看我魂不守舍，过来询问原因。了解情况后，她给我布置了一个任务，完成一份《领队操作流程》，并说道："与其懊恼，不如利用这次机会，想想哪些做得好，下次坚持；哪些做得不好，下次改进。"

于是我按照她提供的思路，在她的指导下完成了这份《领队操作流程》：

——提前知晓司机姓名、车牌号和电话号码。

——提前拿到坐车人员名单。

——准备好水和晕车药。

——提前联系司机，确定时间。

——确定路线，确定目的地所在街道，并提前在百度地图上标注。

——提前半小时到，指引学员上车。

——上车后先签到。人数多则按团队点名，比如"北京公司 4 人"。（务必说明人数，因为可能名单有误，如果人数不对，学员会给予反馈）

——大巴启动后告知学员当日行程，并发到群里。强调时间节点，比如"10 点在某地集合"。下车时要二次强调。

——结束时记得检查车上是否有物品遗漏，并感谢司机。

有了这份清单，第二次担任领队时，我就不再害怕了。针对第二次出行出现的小插曲——广州实在太热，有学员被晒伤了——我又在清单里加入了"提醒大家擦防晒霜、戴帽子"这一事项。

后来学习相关理论之后，我才发现，原来这就是复盘，我的师傅就是一位复盘高手。"复盘"这个概念来自于围棋术语，是指对局完毕后，复演该盘棋的记录，以检查对局中招法的优劣与得失的关键。下一次对局时，应用复盘经验，并进行迭代。对这个过程进行拆解，可以看到它包括五个步骤。

（1）双方下完棋后，回顾整个过程。

（2）检查自己和对方哪些做得好，哪些做得不好。

（3）分析好与坏的原因。

（4）总结规律，好的吸收，不好的思考解决方案。

（5）下一次比赛时如果遇到新的问题，对方案进行迭代。

复盘的本质就是向自己的实践学习，不让经历被浪费，让每一步都算数。具体来看，对个人有三个好处。

（1）个人经历经验化。经历与经验最大的区别就在于：经历是走过的路，经验是如何走这段路。萃取经验的过程，其实就是向自己学习的过程。学习当时为什么这么选择，学习当时为什么犯了这个错，学习当时的具体行动步骤……这些是自己走过的路，能指引你走好接下来的路。

（2）工作内容简单化。很多时候我们会"想不起来上一次是怎么做的"，于是又要重新去想、去试错，这极大地浪费了时间。而一旦工作内容实现了标准化，接下来的操作就可以流程化，这样就不用再"重新造轮子"。

（3）个人发展加速化。很多人职业生涯难以更上一层楼的原因，就是因为有"这份工作离不开他"的观念。但是，当把一系列工作标准化以后，他人便能"依葫芦画瓢"，取得不错的效果。这样自己便可以思考更重要的事，做更重要的工作，继而实现更好地发展。

当然，对职场人来说，时间有限，并不一定每件事都要复盘。如何判断一件事值不值得复盘，给大家两个建议。

（1）"过三的事"要复盘。有一个词叫"事不过三"，我们可以参照，如果一件事要做三次以上，那就复盘。比如"如何做客户拜访""如何准备一场会议"，这些工作的频率高，一次复盘，自己和他人都可以重复使用。

（2）重要的工作要复盘。比如年度客户答谢会、重点项目招商，虽然频率不高，但十分重要，来年大概率还要做，系统的复盘可以让下一次操作更快上手。

现在，我们基本了解了复盘的概念，也知道哪些应该重点复盘。接下来，我们探讨一下如何开展一次典型的复盘。

6.2
流程：五步开展系统性复盘

我们先回到上一节提到的案例，看看在产出《领队操作流程》过程中，我都经历了哪些步骤。

（1）回顾经历：回到公司后，回顾一天的历程。

（2）评估结果：对自己当天的表现很不满意。

（3）分析原因：分析导致不满意的原因。

（4）得到成果：接下来总结出应该怎么做，即最后的《领队操作流程》。

（5）更新迭代：对清单进行更新。

接下来，我们对每一个步骤进行展开，看看里面具体包括哪些内容。

6.2.1　第一步：回顾经历

复盘的基础是回顾经历。因为只有全面了解整个流程，才能更好地把握其中的关键点，继而找到提升的突破点。那么，怎样回顾更有效呢？

相信参加过面试的朋友都有类似的记忆：当我们提及自己完成了某个项目（比如策划了一场100人的活动）后，HR一般会追问这些问题：

—当时为什么会举办这场活动？

—做这个活动的目标是什么？

—你在这里面扮演什么角色？做了哪些事情？

—最后的结果如何？

在这里，HR用到的框架，便是回顾任何事情的基本模型：STAR模型。看到这里你肯定会有似曾相识的感觉，它与观察记录表STAR-AR里的STAR是类似的。

（1）Situation（情景）& Task（任务目标）：在什么背景下做什么事。

（2）Action（行动）：围绕任务和目标，采取了哪些行动？遇到了哪些情况？

（3）Result（结果）：最后取得了怎样的结果？

担任领队案例里的 STAR 如下：

（1）Situation（情景）& Task（任务目标）。

新员工培训期间，带领学员前往佛山某项目参观。保证在早上 9 点接到 40 名新员工，在下午 5 点把 40 名新员工送回培训基地，保证过程中学员不出意外（如受伤、生病）。

（2）Action（行动）。

——8 点 40 分到达培训基地，司机没有到达，学员一片混乱。马上联系司机。

——8 点 55 分司机到达。组织学员上车。

——到 9 点准备出发时，还有 4 个学员没有到达。联系他们的队长，给未到的学员打电话。

——在车上，有两位学员晕车。由于没有准备晕车药，所以只能提供塑料袋，以防呕吐。

——下午 4 点返程，有 2 位学员未准时上车。给他们打电话，发现是走散了，赶紧微信发定位，引导他们回到上车地点。

——下午 5 点 10 分回到培训基地。

（3）Result（结果）。

早上 9 点 10 分出发，下午 5 点 10 分回到培训基地，中途两位学员出现晕车症状。

6.2.2 第二步：评估结果

结果评估的核心在于：对比结果与目标之间的关系。

如果达成了目标，那么接下来的复盘核心就是提取经验；如果未达目标，复盘的核心就是找到差距并进行改良。

在担任领队的案例里，早上晚了 10 分钟出发，下午晚了 10 分钟返回，中途出现了意外，所以需要分析原因，进行改正。

6.2.3 第三步：分析原因

分析原因的核心，在于找到成功 / 失败背后的主观原因和客观原因。主观原因是指因为自己的努力 / 遗漏 / 怠慢而带来最终的结果；客观原因是指因为外在的环境（时机 / 他人的帮忙）等带来最终的结果。

在这里，很多人容易走入一个误区：功劳在己，责任在他。如果目标达成，那么会将其归因于自己的努力；如果目标没有达成，那么会归因于客观条件不支持。一般来说，我们复盘的对象聚焦在"主观原因"上，因为相对可控；同时，有很多客观原因背后，也存在主观原因。比如"市场环境不好"是客观原因，但"是否之前做了市场预判"就是主观原因。

在担任领队的案例里，其中一个问题是"早上晚了 10 分钟才出发"。在进行分析时，我的第一反应是将其归因于其他人的过错：

—因为司机晚到，所以学员等了很久，有情绪，在签到时心情不好，影响了签到效率。

—因为有 4 位学员晚到，导致大家等了 10 分钟。

后来在师傅的指导下，我换了个思路：我自己就没错吗？于是得到了下面的分析：

—如果我早点到达，发现司机没来，及时打电话催促，并适当安抚学员，那便能更好地应对现场情况。

—如果我提前让各个队长统计本队人员是否到齐，那么晚到的情况就能避免了。

6.2.4 第四步：得到成果

我们做复盘的根本目标是提升效率，所以复盘必须要有成果，而且是可复制可应用的成果。在担任领队的案例里，我的成果就是《领队操作流程》。之后再做类似工作时，我就可以直接参考对照，检查每项是否完成，以避免工作的疏漏。成果的形式还有很多，我们会在 6.3 节集中讨论。

6.2.5　第五步：更新迭代

复盘的成果并非固定不变，其原因有两个：

（1）这一次没遇到的问题，下一次可能会遇到。所以我们需要更新成果，查漏补缺。比如某次年会没有出现音响问题，但下一次遇到了，那就需要将"检查音响"加入复盘成果里。

（2）环境变化后，复盘成果也要变化。比如，在房地产销售上，市场上行期与下行期的销售策略是不同的。

在担任领队的案例里，我第二次担任领队后，就迭代了自己的带队经验。

以上就是复盘的五步法，包括回顾经历、评估结果、分析原因、得到成果、更新迭代。

6.3

成果：如何提炼复盘的金子？

上一节，我们提到任何工作最后都要有成果，那么复盘的成果有哪些形式？我们又可以如何取得这些成果？这一节，我们将分享 9 类成果形式，以及对应的制作方案。

6.3.1　一句总结

这有点像小学做阅读理解时经常看到的题目：一句话总结中心思想。当我们回顾完一段经历后，用一句话来阐明主旨，给出行动建议，以后在实操时便可快速参考，快速实践。例如在日常工作中，我会有意识地总结犯过的错，然后形成一句话指南：

一需要请示领导的，一定要请示。不要想着他应该知道，大概率他应该不知道。

一接到任务后，建议加"什么时候完成"，比如："好的，下午 3 点前给您。"

一在公司的时候多微笑，愁眉苦脸的人大家都不想靠近。

一给 Word 加页码时，最好采用 ×/× 格式，方便对方判断阅读时长。

一做汇报类 PPT 时，最好有个摘要，说清楚核心观点。不要寄希望于别人去总结，别人没时间。

一出差时不要发生活类朋友圈，否则看起来像出去玩一样。

一抽屉里准备一条领带，因为不知道什么时候会有重要场合用到它。

6.3.2　评价标准

如果我们能明确一件事"好、中、差"的标准，那么后续便可定位自己所处的阶段，找到提升的方法。

例如，《得到品控手册 6.0》对音频类产品做了分类，针对什么是合格作品和优秀作品，给出了区分标准：

一合格作品：准确抓取书中现有知识增量。

一优秀作品：能从此书引发开去，适当补充知识点的更多背景，在更宏大的知识体系中阐述，引爆书外更多知识点。

有了这样的区分，任何一个制作者都能够知道自己的作品属于哪一类。如果自己的作品只是合格，也知道提升的方法：加入更多背景信息。

这个方法还可以进行延伸，比如：

一有的销售人员在接触大量客户后，会对客户进行分类，然后再明确哪些客户是重点突破对象，哪些客户可以减少精力投入。

一有的面试官在面试大量求职者后，会对成功入职者进行分析，发现他们的共性，继而在之后的招聘中，更快锁定目标群体。

6.3.3　行动清单

这个清单的核心是：将完成一件事要做的工作列出来，一条条比对和执行。

在做公众号时，经常会出现各种错误。于是，我和助理进行了复盘，制作了一份《公众号检查清单》（如图 6-1 所示），罗列了常见的错误类型，在拿到一篇文章时，对照着清单快速检查。

检查主题	序号	检查要点
1.文章整体	1.1	错别字
	1.2	段落之间大段空行
	1.3	配图与文章调性不符
	1.4	逻辑漏洞
	1.5	触及敏感点
2.标点符号	2.1	分号（；）乱用
	2.2	冒号（：）乱用
	2.3	忘记使用"「」"
	2.4	忘记使用句号（。）
3.文案规范	3.1	"的""地""得"使用出错
	3.2	英文、数字前后不空格
	3.3	文末出现大段空白
	3.4	段落之间未空行
4.格式规范	4.1	颜色使用出错（标题黄色，突出红色，引用深灰）
	4.2	文字大小出错（标题16，正文15，注释12）
	4.3	图片和文字不匹配
	4.4	图片和超链接不匹配
	4.5	白底图片没有加边框
	4.6	图片模糊
5.发布前检查	5.1	关键词回复无误
	5.2	开启「原创」功能
	5.3	「定时发布」时间无误
	5.4	头图比例无误

图 6-1 公众号检查清单

6.3.4 核心原则

原则是做事的依据。这个依据一般有两类，一类是底线，即不能触碰的红线；另一类是前提，即做事遵循的规则。

例如在公众号写作这件事上，我给自己定义了两个原则：

—不说假话。

—文章应该能帮助到他人。

前一个是底线，绝对不能触碰；后一个是做事的前提、遵循的规则。

6.3.5 做事流程

大多数工作通过复盘都可以总结出一套流程，比如写文章的流程、做接待的流程、看一本书的流程等。流程和清单的差异在于：流程有具体的步骤，明确先做什么，后做什么；清单则没有规定步骤，比如买菜清单，先买洋葱还是先买西红柿都一样。

我运营了一个知识星球社群，叫"曹将和朋友们"。每隔两周我会举办一次直播活动，邀请社群里厉害的朋友为大家分享职场经验。在操作过两次以后，我们总结了一套"直播工作准备模板"，如图6-2所示。每次直播前，对照这个流程表，完成一项就勾选一项，保证万无一失。

序号	时间	任务	参与者	参与地点	备注
1	15天前	一、邀请嘉宾 1. 标题 2. 嘉宾介绍 3. 目录 4. 分享会时间 5. 确定PPT提交时间（分享前4天） 6. 强调：演讲时长控制在40min内，需准备PPT 二、拉群：星雨、曹将、嘉宾	1. 星雨 2. 曹将 3. 嘉宾	微信群	原则上分享时间为： 周日20:00—20:40
2	5天前	1. 从嘉宾那获得PPT 2. 和曹将确认内容是否合适 3. 制作海报 4. 和曹将和嘉宾确认海报是否合适 5. 发在朋友圈提前预热	1. 星雨 2. 曹将 3. 嘉宾	微信	内容关键点： 1. 逻辑是否清晰 2. 是否解决一个实用问题 3. 有无开场：说明价值 4. 有无总结：回顾全程

图 6-2　直播工作准备模板

6.3.6 操作示例

有些时候，复盘出来的方法比较抽象，需要对它进行解释，最简单直接的做法就是案例说明。

例如，在培训工作中，我们会邀请老师授课，这就需要微信上发一则邀请信息。为了保证信息全面不遗漏，我们给出了一套操作示例，方便负责邀请老师的同事直接参考。

案例《老师邀请示例（内部版）》

×× 老师您好！

×× 专项培训班将在 12 月上旬进行，邀请您为 ×× 公司部门经理授课。培训信息如下：

①授课时间：12 月 10 日（周四）14：00—15：30

②地点：广州 ×× 广场二楼会议室

③主题：城市研判体系

附：学员基本情况

本次城市总专项培训共 40 人。

1. 男女比例：3：2。

2. 年龄分布：平均年龄 ×× 岁，最大 ×× 岁，最小 ×× 岁。

3. 职级分布：部门经理 ×× 人，部门副经理 ×× 人。

4. 政治面貌：党员、群众比为 ×× ：××。

5. 学历情况：硕士 ×× 人，本科 ×× 人。

期待您的精彩授课！

6.3.7 操作建议

对于提炼出来的方法，在具体实践中，可能并不是那么容易执行，这时候就要给出具体的操作建议。

比如，在做设计时，我们需要抠图以呈现精美的效果。我们只说"抠图"，对方也不知道怎么操作，但如果我们加上这一句，效果就会好很多：前往网站"稿定抠图"（koutu.gaoding.com），上传图片，自动抠图。

除了网站之外，常用的操作建议还有：

—App：可以借助什么 App 达成某种结果，如可以用 XMind 制作思维导图。

—求助谁：遇到问题时可以找谁。如某个流程走不通时，建议联系 ×× 部门。

—绝招：一般人想不到的方法。如在判断一家企业是否进入成熟期时，可以看看企业年报里是否在强调"控成本"。

6.3.8　模型提炼

这个属于复盘的高阶成果。当我们得到一系列清单、流程、方法之后，可以对它们进行归纳，总结出一个模型。这样后续在使用和传播时，更方便记忆和掌握。

例如在《得到品控手册 6.0》里，得到针对知识服务者的职业素养，归纳了一个"六种思维模型"：

—底线思维：了解哪些方面是不能跨越的。

—产品思维：交付一个完整产品的能力。

—用户思维：准确理解用户需求，快速切换用户视角。

—作者思维：以作者角色参与知识生产的能力。

—运营思维：整合资源，推动产品价值最大化。

—赋能思维：为合作者、同事、用户赋能的能力。

关于模型提炼，更详细的方法我们将在 6.4 节阐述。

6.3.9　图示指南

以上都是文字层面的内容。为了方便后续更好地执行，给出相关的图示效果会更好。我们之前做培养项目时，制作了一张现场布置图，如图 6-3 所示，有了它，后续便可以清晰地知道什么地方应该布置什么内容了。

图 6-3 会场布置图示

模型：如何归纳出自己的套路？

假设你正在听一门课，老师讲的是如何向上汇报，表达内容如下：

工作汇报要把握住三个阶段：在工作开始时汇报，共识方向；在工作进行中汇报，让他放心；在工作结束时汇报，讲解成果。

看完这一段，你的感受如何？逻辑清晰，但好像还是有点难记。如果老师换成下面这种表达方式，你的感觉如何？

工作汇报要把握住一个简单的法则：1%、50%、100% 法则。

—1%：在工作开始时汇报，共识方向。

—50%：在工作进行中汇报，让他放心。

—100%：在工作结束时汇报，系统讲解。

是不是从逻辑清晰升级到了简单好记？这就是模型的魅力——把复杂信

息提炼为简单模型，再用简单模型来解释复杂情况，最后方便理解和记忆。

在复盘时，我们经常需要将成果包装成模型，这样在日后操作中，遇到问题，马上想起模型，便能指导具体工作。这一节，我们看看模型提炼的 7 个方法。

6.4.1　数字法

数字法是指将内容浓缩为简单的数字，例如，"一主两翼"就很容易被记住和传播。要实现数字法，核心是看内容的架构。

如果内容只有两层，如图 6-4 所示，那就需要找到第二层的共性，然后采用"数字＋共性"的方法建立模型。例如"波特五力模型""华润 6S 战略管理体系"。

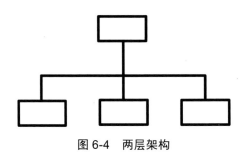

图 6-4　两层架构

—波特五力模型：一个行业中存在着五种基本的竞争力量，即"五力"，它们分别是供应商的议价能力、购买者的议价能力、潜在竞争者进入的能力、替代品的替代能力和行业内竞争者现在的竞争能力。

—华润 6S 战略管理体系：华润管理多元化控股企业的一种模式，6S 对应的是 6 个体系（System），包括战略规划体系、业绩评价体系、内部审计体系、经理人考评体系、管理报告体系和商业计划体系。

如果内容有三层，如图 6-5 所示，那么可以根据第三层内容的数量，采用"数字＋数字"的方法建立模型，例如前文提到的"一主两翼"，它对应的就是：

—第一层：公司的发展战略。

—第二层：一主两翼。

—第三层：以房地产开发经营为主，以房地产金融和社区消费服务为翼。

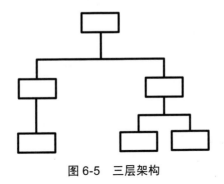

图 6-5　三层架构

如果都不满足，可以考虑找到内容中含有数字的部分，组合成"数字 +
数字"的模型。例如，在教育领域，有一个"123 法则"，它是说：

—1：每天一次。

—2：每次都需要花费 20 分钟去陪伴孩子。

—3：父母要跟孩子一起去选择做三件事中的任何一件事，即一起阅读、
一起玩游戏或一起聊天。

6.4.2　类比法

类比法是指用我们熟悉的事物（比如动物、生活用品）来指代某一现象
或方法。比如，"羊群效应"就比"从众效应"更好记。类似的例子还有如
下内容。

—华为"铁三角"模式：以客户经理、解决方案专家、交付专家组成的
工作小组，形成面向客户的"铁三角"作战单元。

—鲨鱼式管理：强调刚性、嗜好权力、严厉无情、强调竞争，效率和成
绩高于一切，对员工如对待战场上的士兵。

—木桶原理：一只木桶盛水的多少，并不取决于桶壁上最长的那块木板，
而恰恰取决于桶壁上最短的那块。

—蝴蝶效应：事物发展的结果，对初始条件具有极为敏感的依赖性，初
始条件的极小偏差都将可能引起结果的极大差异。

—囚徒困境：两个被捕的囚徒之间的一种特殊博弈，说明为什么甚至在

合作对双方都有利时，保持合作也是困难的。

6.4.3 英文首字母法

英文首字母法是指取英文的首字母，组成一个简单易懂的新词（或词组），达到轻松记忆的效果。例如：

——PEST 分析框架：分析外部宏观环境的四个维度，即政治（Politics）、经济（Economy）、社会（Society）、技术（Technology）。

——SWOT 分析模型：基于内外部竞争环境和竞争条件下的企业态势分析，包括企业的优势（Strengths）、劣势（Weaknesses）、机会（Opportunities）和威胁（Threats）。

6.4.4 颜色法

颜色法是指利用颜色来建立模型。因为颜色带来的感受比文字更有感染力，所以我们可以借助这个特点，用不同的颜色指代不同的对象。例如，在与人沟通时，应遵循 "一分钟谈话的红绿灯法则"：

——绿灯：在谈话刚开始的 20 秒，你的谈话红绿灯是绿色的，这时候，你说的话开门见山，听者会很认真地听，并能迅速地吸收。

——黄灯：在接下来的 20 秒，你的谈话红绿灯就变成黄色的了。这表明，听者已经对你的谈话逐渐失去了兴趣。

——红灯：在谈话的 40 秒之后，你还收不住话匣子，滔滔不绝地没完没了，你的谈话红绿灯就变成红色的了。此时，你务必牢记，让自己闭嘴，让对方说话。不然，势必会画蛇添足，事与愿违。

6.4.5 引用经典法

引用经典法是指从古文或俗语中找到词句来建立模型。这些词句最好家喻户晓，能概括中心思想，既能升华主题，又容易让人记住。

—天时地利人和：总结来说，第一是天时，即很好地把握了行业大势；第二是地利，即与公司的发展方向保持一致；第三是人和，即团队每个人都拼尽全力。

—以正合，以奇胜：具体到团队层面，小组一负责经典款的生产，确保赢下"基本盘"，即以正合；小组二则主动求新求变，针对大客户提供定制化服务，最终保证领先竞争对手，即以奇胜。

6.4.6　数学公式法

数学公式法是指用一个数学公式来阐明各个内容之间的关系。例如：

—天才 =99% 的汗水 +1% 的灵感。这源于爱迪生的经典名言"天才就是 1% 的灵感加上 99% 的汗水"，如果用等式表达，就更加简单好记了。

—信任 =（可信度 + 可靠度 + 亲近感）/ 自我导向。这是我们在前文见到的公式，看到它我们便能马上理解如何建立信任。

6.4.7　拆字法

拆字法是指将某个字拆出偏旁部首，然后赋予它们意义的方法。中国的汉字博大精深，有些道理我们可以直接从某个字的各个部首里找到解释。

比如，要形容领导者要做到哪些内容，有老师就直接从"总"字入手，把它拆为三个部分：

—最上面就像"眼睛"，要提升眼界，洞察行业局势。

—中间是"口"，要懂得表达，无论是向下沟通还是对外谈判。

—下面是"心"，也就是要用心思考，不断提升自我。

于是只要看到"总"，我们便能清晰地知道对领导者的要求有哪些。

6.5 一次会议组织复盘

看了这么多内容，接下来我们用两个案例来完整地过一遍复盘流程，加深大家对复盘的理解。

第一个案例是一次会议组织的复盘。

6.5.1 回顾经历

背景和任务：当时我们要组织一次研讨会，即一群人围绕一个主题进行讨论。我们需要在会议结束时，输出能付诸实践的方案。

行动：

一会前：通过微信将讨论主题发给与会者，并把与会者随机分成 5 组。

一会中：先抛出主题，然后对主题进行解释，接下来分组讨论，限定时长为 30 分钟。讨论结束后，每个小组选出一名代表分享本组的讨论结果。

一会后：我们将大家的结果汇总，呈报上级领导。

结果：大家讨论的内容都是"大的建议"，如"要做好成本控制"。

6.5.2 评估结果

结果不符合预期目标，无法立即付诸实践。

6.5.3 分析原因

一会前只给了主题，没有明确我们希望的"成功时的样子"。

一讨论中缺少有效引导，任由大家自发讨论。

一会后也只是一五一十地把材料整理出来，没有进行梳理，导致有的小组给出了步骤，但领导没注意到。

6.5.4 得到成果

为了解决这个问题，我们根据失败的原因，总结了研讨准备的"232法则"。

1.2 条信息

在会议前，发给参与者 2 条信息。

—第一条说明研讨基本信息，例如时间、地点、主题。

—第二条说明研讨目标，例如希望大家产出具体行动方案，并期待他们提前准备研讨内容。

2.3 个介入

在会议中，会务人员做好 3 个介入。

第一个介入是纸张介入：每张桌上提前放一张纸，写好我们的议题、议程以及研讨规则。

第二个介入是研讨介入：当大家研讨时，会务人员进入小组，一旦发现研讨方向走偏，马上引导，使其回归主题。

第三个介入是汇报介入：汇报时，如果发现有小组表达的内容过于宏观，主持人直接提问，例如："那具体应该怎么做呢？"引导大家产出具体行动计划。

3.2 个整理

在会议之后，整理两份文档。

第一份是全流程记录文档，把整个过程中大家的发言和展示内容都记录下来。

第二个是精华文档，聚焦"付诸实践的方案"，整理出每个小组具体的行动计划。

6.5.5 更新迭代

我们在下一次研讨中使用了这套"232"方案，效果确实比之前更好。但是，仍然有两个小组的产出效果不尽如人意。于是我们对方案进行了迭代，制作了研讨表（类似于图 6-6），并用 A3 纸打印出来。大家在讨论时只用填空，最后以结构化形式呈现。

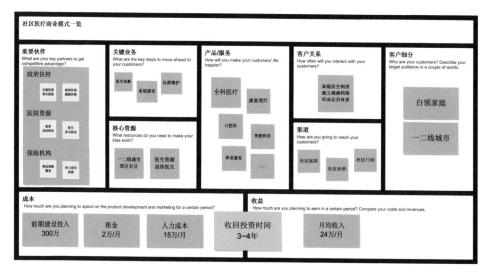

图 6-6　研讨表

6.6 一个培训项目的复盘

第二个案例是一个培训项目的复盘。

2018 年，我转岗到公司的人力资源中心，负责培训工作。当年，公司做了一系列人才梯队培养项目。刚开始担任项目负责人，我非常紧张，因为一切都是新的。我不知道用什么方法去设计一个项目，也不知道培训过程应该怎么主持，更不知道在面对紧急情况时应该如何应对（比如老师临时有事不能按时到该怎么办）。所以，每次项目来了，我都紧张得手心冒汗。

在做了两个项目以后，我开始寻求改变。为什么我会紧张？因为没有一套基本的流程和方法。这样即使成功地完成了一次，下一次操作时心里还是没底。所以，我需要制作一套手册，有了它，以后只要项目来了，团队就可以参考里面的内容，一步一步执行。明确了目标，我们就在下一个项目里开始执行。

6.6.1 培训期间：晚会复盘

我们的项目一般是在酒店交付，连续一周，从早上培训到晚上。

在上课期间，我只要看到了问题，都会在手机里快速记录下来。到了晚上 10 点下课后，项目组的同事就会聚在一起开会，复盘当天的内容。复盘内容包括：第一，今天哪些地方不错？第二，今天哪些地方需要改善？开会过程中，有专人进行记录。记录有一套标准模板，即前面提到的步骤。举个例子：

——回顾经历：在新员工培训时，会从学员里选拔出摄影组，由他们对培训全程拍照，最后剪辑为视频，用于毕业典礼和后期通讯稿。第一天课程结束后，我们发现摄影组提供的照片里缺少老师的特写镜头，只有远景。

——评估结果：这些照片不合格，因为会影响到最后通讯稿里老师与课程的介绍。

——分析原因：项目开始之前没有向摄影组说清楚我们需要三类照片：老师的特写、老师上课时的远景照、学员听课时的照片。

——得到成果：马上制作一份摄影指导，筛选出过往好的参考案例，并明确必须输出的三类照片。

6.6.2 培训结束：集中复盘

在培训结束后，项目组的每个人针对自己负责的板块，输出"操作指引"。操作指引以 PPT 形式制作，因为这样好贴图片，也好排版。文档内容包括：项目设计、重点环节对接、酒店对接、物料准备和突发情况处理。

在这个过程中，每个人要把当时的做法全部写到里面，包括做得好的，做得不好的，针对后者，需要加上提升建议。

例如，负责破冰的同事要把破冰游戏的使用场景、游戏规则、操作要点以及使用到的物料等写清楚，如图 6-7 所示。

一、抛球游戏

使用场景：

项目第一个游戏，初步接触、热身和破冰，适用于分过小组的全班初级破冰。

游戏规则：

1. 小组围圈，将球抛向任意伙伴，接到球的伙伴需要自我介绍，然后将球抛给下一个没接过球的伙伴；
2. 记录刚才的抛球路线，教练提升挑战难度，按照同样的抛接球路线，以最快速度完成一次全员的抛接球，同时抛球方需要背出接球方的名字；
3. 从一个球增加到五个球，增加挑战难度。

操作要点：

1. 抛球难度一次次递增，沿用原来的方法会不断遇到新的挑战；
2. 引导小组讨论如何才能采用更高效，注意观察内部讨论、内部决策等关键事项。

物料	海绵球
场景	5人及以上
效果	初步接触、热身和破冰
难度	♥

图 6-7　抛球游戏设计

负责课前检查设备的同事，要把检查清单以及检查重点列出来，如图6-8所示。

序号	物料	数量	备注
1	翻页笔	1	电量测试
2	固定话筒	2	电量测试
3	移动话筒	4	电量测试
4	学员手册	>授课讲师+出席领导	崭新无涂改痕迹
5	中性笔	>授课讲师+出席领导	
6	鲜花	>授课讲师+出席领导	置于后台
7	矿泉水	1箱放后台	置于后台
8	礼物	>授课讲师	置于后台
9	名牌	=授课讲师+出席领导	置于后台
10	润喉糖	2盒	置于后台
11	茶水	授课讲师	置于后台

图 6-8　课前物料准备

负责供应商合作的同事，要把和供应商谈判的过程写下来，并且总结出经验和操作流程"六步法"，如图6-9所示。

商务谈判六步法

图 6-9　商务谈判六步法

负责物料准备的同事，要把采购了哪些物料、物料的照片等做成表格列出来，如图 6-10 所示。

集团新员工培训物料清单							
项目	物料	尺寸(cm²)	数量	单位	材质	备注(cm²)	设计图
拍照留影	立体字	300×80	1	套	泡沫字+亚克力板		
麦克风装饰	麦牌	12×8	20	套	kt板	实际制作尺寸：40×24（做成盒子）	
讲台包边装饰	讲台1kt板包边	186×133	1	套	kt板	开槽	
	服务台kt板包边	233×90	1	块	kt板	开槽	
横幅	前	1138×122	1	条	旗帜布		
	后	1500×100	1	条	旗帜布		
桁架	篮球场桁架	1000×300	1	套	黑底灯布+桁架	实际制作尺寸：1040×300（包边20）	
	礼堂门口、合影区桁架	600×300	1	套	黑底灯布+桁架	实际制作尺寸：640×300（包边20）	
	礼堂内部桁架	500×300	2	套	黑底灯布+桁架	实际制作尺寸：580×300（包边40）	
	食堂门口桁架	300×240	1	套	kt板+桁架	实际制作尺寸：300×240	
海报	海报款式1 海报款式2 海报款式3	60×80	15	张	可移背胶		
专业课室门牌贴	8款课室门牌贴	25×10	8	张	可移背胶		
专业课室易拉宝	8款易拉宝 每款各2套	80×200	16	套	易拉宝		
易拉宝	款式一3套 款式二3套 款式三3套	80×200	9	套	易拉宝		

图 6-10　新员工培训物料清单

除此之外，负责主持的同事，要把当初的主持稿也要附上，例如：

接下来的这一位重量级讲师，2007 年清华大学硕士毕业便加入保利，是公司百帅计划的学员，也是公司的资深讲师，他就是 × 总。今天，× 总将给大家带来商学院金牌课程《投资基础知识及策略制定》，帮助大家理解如何系统地做好投资决策。大家掌声欢迎！

6.6.3 再次梳理：沉淀课件

在做完多个项目的复盘材料后，我们再进一步，基于这些素材，完成课件《基于培训需求的项目设计指引》，将项目从设计到落地的全流程做成一套标准方案，如图 6-11 所示。

图 6-11 基于培训需求的项目设计指引

综上可知，对于复杂项目的复盘，综合使用了前面提到的所有方法。

第一，对单一任务专项复盘。复杂项目是由一个个任务组合而成，其中容易出错的任务需要专项复盘，这就要用到复盘五步法。

第二，将流程性的工作固化。在项目结束后，要形成一套套清单，如"物料清单"，保证之后再操作时能直接参考，加快项目进展。

第三，对难点内容进行归纳。难点内容（如商务谈判）有一个特点，那就是每次都会有差异，需要结合理论，总结出一套模型（如商务谈判六步法），这样即使场景变了，也可以基于模型思考其他方案。

第四，基于多次经验总结出课件。复盘的操作指引是用来看的，而课件则是用来赋能的。我们每次做培训项目之前，都会借调子公司的同事过来支援，他们之前没有相关经验，那么我就可以先提供之前做好的操作指引让他们消化，然后基于课件进行赋能，保证他们每个人理解和知道如何做好自己要负责的工作。

6.7 复盘的三个"坑"

看了这么多，想必大家都理解了复盘的好处：让经历经验化，让工作简单化。但是，我们也不能迷信复盘，它存在三个容易踩的"坑"：以偏概全、因循守旧、错误归因。

6.7.1　以偏概全

我们经常会看到这样的情况：

—做招聘的朋友，连续两次招了某大学的候选人，他们进来以后都没过试用期，于是下结论说：这个学校的人不适合该公司，不要再从这个学校招生。

—和他人谈恋爱，对方来自某个省份，两人谈了一段时间不欢而散，最后总结说：不要和该省份的人谈恋爱。

——一个同事是高学历的，但工作能力并不好，于是觉得学历没用。

这些情况的发生，就是以偏概全。我们用少有的个案总结出通用性的结论，很容易站不住脚。对应的解决方法是：不要仅根据一件事得出结论，而是需要参考更多的案例。

6.7.2　因循守旧

现任中化集团董事长的宁高宁写过一篇文章——《分层次》，谈的是他眼中的优秀经理人。其中，他所认为的最低层次的经理人是这样的：

第一类的经理是维持型的经理人。他基本上能保持企业经营的稳定，去年怎样，今年还怎样，上一任的经理怎样，这一任还怎样。业务看来一切如常，如果这项业务是规模较大的业务，这位经理还可能被认为是很好的。其实在市场竞争环境的比较下，这项业务可能已经落后了，这样的经理人并没有给企业创造更多的价值，反而埋藏下长远的风险，因为企业仅仅靠维持是维持不住的。

那怎样的经理人是最优秀的？宁高宁给出的答案是：

第五类的经理则更成熟、更全面，是持续成长型的。他不仅做好了企业在业务上的战略和执行，而更重要的，他把不断创新和进步的精神根植于企业组织之中。他优化了组织架构，培育了团队，使企业的成长不仅是少数人的推动，而是整个组织的推动，不仅是竞争压力的推动，而是企业自身理念和文化的推动。这样的企业更有生命力，进步是持久的。

所以，经验沉淀的核心不是固化，而是持续成长。之前总结出来的经验只是下一次的参考，如果环境变了、对象变了，我们也要跟着改变。否则，我们很容易变成因循守旧的人。

6.7.3　错误归因

一群人进入电梯，都是去顶层。在电梯行驶时，有的人在看书，有的人在聊天，也有的人在做仰卧起坐。等到电梯到达顶层时，看书的说是知识把自己带到了目的地，聊天的人说是沟通能力把自己带到了目的地，做仰卧起坐的人说是锻炼把自己带到了目的地。

看到这里，你肯定会觉得好笑：很明显，是电梯把他们带到了目的地。但是，类似的情况却真实地发生在我们身边，比如：

—有的人在大公司里取得了一系列成绩，会觉得一切是自己的努力带来的；但如果换成小公司，却发现方法都不行。

—有的人在行业上升期进入某个领域，取得了很大成绩，于是将一切都归因于自己的能力；但换到另一个行业，却发现原来的都行不通。

你的成绩到底是由什么决定的？当我们进行归因时，很容易会将功劳归于自己的努力和能力。上一章我们提到了影响成功的 10 个关键因素，可以看到，还有很多其他因素决定了成绩。我以前的领导是营销出身，他有一句话我记忆深刻：在市场好的时候，营销能力无法验证，因为无论你做什么，大家都在疯抢；只有在市场差的时候，才能见真章。所以，面对成功和失败，我们都要综合审视背后的原因，这样得到的解决方案才更有价值。

总　结

本章我们讨论了一个问题：如何从经历里挖金子？

（1）复盘包括 5 个步骤：回顾经历、评估结果、分析原因、得到成果、更新迭代。

（2）成果有 9 种类型：一句总结、评价标准、行动清单、核心原则、做事流程、操作示例、操作建议、模型提炼、图示指南。

（3）模型提炼有 7 个方法：数字法、类比法、英文首字母法、颜色法、引用经典法、数学公式法、拆字法。

（4）在复盘时，我们要避免三个"坑"：以偏概全、因循守旧和错误归因。

本章的总结如图 6-12 所示。

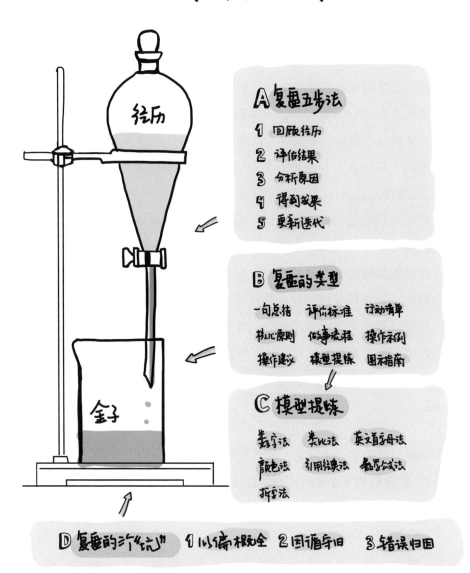

图 6-12 实践：从经历里挖金子

第 7 章

行动学习：整合高效学习的四种方法

在前面章节，我们提到了高效学习的四种方法：阅读、听课、偷师和实践。相信看完以后，你肯定会想：能不能把它们整合起来，形成一个系统性的学习方法？答案是有的，它来自于目前一个前沿的学习模式：行动学习。

行动学习的核心，是在解决问题中学习。所以，它既是学习的方法，也是解决问题的方法。相信大家在学完本章内容后，能更好地应对工作中的各种挑战。

7.1 一次标签管理的挑战

我们部门有一个职责，就是统筹管理公司的在线学习平台。2021 年上半年，有个同事突然反馈了一个问题：感觉我们的标签很混乱，很难通过它来定位具体的课程。我们这才发现，运营一年时间，各子公司添加了各种各样的标签，表达不统一，逻辑不统一，比如有的标签是"投资管理"，有的标签是"精品"，还有的标签是"推荐"。

面对问题，我们的第一反应是"改善标签体系"，整理出一套标签管理手册。但是，当我们快把手册做出来时，突然又想到了一个问题：为什么大家会需要标签？答案是：为了更快搜索到匹配的课程。但是，搜索不只包括标签，还有其他渠道：课程名、老师、专业模块（比如"营销线"）、专业子模块（比如营销下面的"价格管理"）、适用人群（例如"初阶""中阶""高阶"）、专题（例如"新员工培训课程"）。

顺着这个思路，问题从原来的"如何改善标签体系"，变成了"如何建立一套检索体系"。

那么，检索体系包括哪些内容呢？我们对检索渠道进行了归类，得到三个关键动作：一是目录体系设计；二是命名体系设计；三是标签体系设计。

明确了三个关键动作，接下来就需要各个击破，于是我们做了以下两件事。

第一，偷师。某天参加了得到的一个交流会，在茶歇时咨询了他们的品控总编侯成龙老师，询问"得到是如何设计标签体系的"。收获的答案是：先让大家自发生成，然后再来进行系统梳理。这让我们意识到，目前标签混乱其实不是问题，反而已经实现了"自发生成"的步骤。

第二，听课和阅读。利用下班时间，我开始学习知识管理相关课程，如陈海滢老师的《结构化思考，提升知识管理能力》；阅读相关书籍，如《知识管理：为业务绩效赋能》。通过这些内容，我知道了要把检索信息分布在不同的位置，比如，标题承担哪些信息，目录承担哪些信息，标签承担哪些信息，让各部分各司其职，互不打架。

有了这些输入之后，我们接下来就是解决问题：让不同的渠道各司其职。最终的解决方案有三个。

一标题统一命名：课程名—老师名—专业模块—公司。例如，如何做好项目复盘—李自学—计划线—中山公司。这四个是大家最常搜索的信息，在标题里都有体现。

一目录适用人群。在目录里，我们将每个板块按照适用人群进行划分，例如，"营销"下面分为初阶（工作 3 年内）、中阶（工作 3~5 年）、高阶（工作 5 年以上），这样能保证他人更快适配自己的内容。

一统一固定的标签：我们对现有标签进行归类，剔除掉命名和目录涉及的内容后，发现大多都是专业子模块（如营销下面的"价格管理"），于是将它们梳理出来，以后大家在选择标签时，直接参考使用即可。

在试运行之后，我们发现这套方案确实可用。于是，又将这个方法沉淀为一套制度——《学习平台检索体系相关要求》，并发送给各子公司同事。为了方便他人阅读，制度中给出了很多具象的操作建议，例如：

以下以公司"如何做好养老项目设计管理"课程为例，拆分检索体系建设步骤。

一步骤一：修改课程命名。将课程名修改为"如何做好养老项目设计管理—温景欣—技术线—健投公司"。

一步骤二：添加课程目录。将课程放入"技术管理"下的"中阶课程"。

一步骤三：添加课程标签。为课程添加"设计管理"标签。

这便是我们团队的一次行动学习。从中可以看到，在解决问题的过程中，我们综合运用了四种学习方法。

（1）阅读。阅读了图书《知识管理：为业务绩效赋能》。

（2）听课。学习了陈海滢老师的《结构化思考，提升知识管理能力》。

（3）偷师。向得到总编室品控总编侯成龙老师请教标签管理的方法。

（4）实践。在真实操作后，将方法沉淀为可复制的经验，即《在线学习平台检索体系相关要求》。

在解决问题的过程中，我在知识管理上的能力也有了系统性提升。

这就是一次行动学习，从具体问题中来，到解决问题中去，并在这个过程中实现自我成长。

那么，到底什么是行动学习？在行动学习中有什么注意事项？接下来的内容将为大家详细展开。

7.2 打通：四种方法形成学习合力

什么是行动学习？行动学习的首创者是英国的雷格·瑞文斯（Reg Revans）教授。1965 年，瑞文斯从英国曼彻斯特大学转往比利时工作，为高潜能管理人员授课。这个课程不像传统意义上的老师教学、学员学习，而是要提前准备一些难题，然后分到不同的参与者手上，接下来组成团队，一边学习，一边解决问题。通过实践，这种方法获得了成功。它不像传统的培训，只有输入没有输出；而是在做中学，解决实际问题。

后来，行动学习法得到不断发展，成为一套系统性学习方法。它有以下三个特征。

（1）真实的难题。问题确实存在，需要学员去解决。

（2）不断地学习。因为学员大多没有相关经验，所以需要大家围绕问题进行学习。

（3）解决问题。学习的结果不是提供一个方案，而是真正解决问题。

具体来看，行动学习包括以下五个步骤。

第一步，识别：诊断当前的问题。很多问题不是好的问题，因为它们不够清晰。比如"如何提升竞争力"，对收到问题的人来说，很难给到合适的回答。刚工作的员工应该重点关注个人专业能力，工作 10 年以上的员工还要关注领导能力、人脉积累等。不同行业也不一样。地产行业要积累项目经验，金融行业要积累专业证书（如 CPA、ACCA）。所以，在解决问题之前，把问题诊断清楚是第一要义。

第二步，分析：找到破解问题的思路。要解决某个问题，一定包括一些关键步骤，只要这几个步骤完成，那么大问题就迎刃而解。比如前文案例里提到的"建立检索体系"，它就被分为建立目录体系、命名体系和标签体系。只要完成这三个关键步骤，大问题就迎刃而解。

第三步，学习：通过学习寻找解决方案。找到了根本问题和关键步骤后，接下就是寻找解决方案。学习的方法就是我们本书一直在讨论的阅读、听课、偷师和实践。

第四步，解题：学以致用解决问题。有了方案，接下来就是具体去落实和执行。比如前文里提到的，我们先自己去实践，验证方案无误后再下发子公司，让大家参照执行。

在培训领域，行动学习的受众是团队，由大家群策群力共同完成。但这套方法也适合个人使用。它完美地结合了我们提到的四种学习策略，并将它用到了具体的问题解决中来，真正实现了"在实践中学""学以致用"。

接下来，我们详细介绍每一步应该如何操作。

7.3 识别：诊断当前的问题

你会提问吗？

大多数人的回答肯定是"会啊"，但是，答案还真不一定。

比如，在日常工作和生活中，我们会经常见到以下问题：如何提升写作能力？如何办好一次会议？如何写好一份总结？如何提升企业竞争力？

它们看起来是问题，但是拿到问题的人很难回答，因为问题不够具体。比如针对"如何提升写作能力"，如果回答"你要多积累素材"，看起来好像没错，但其实他已经有很多素材，只是不知道如何结构化组织内容——这时候，答案就是"牛头不对马嘴"。那如果我们换一个表达，大家看看会不会更好：

我要在明晚之前给总经理写出一份 2000 字的年终总结讲话稿，他希望能够借此机会激发员工的工作动力。现在我已经有了素材，但在逻辑铺排上不知道怎么操作。有没有什么方法能够解决这个问题？谢谢！

这个问题就是一个更好的问题，因为它说明了两件事。

第一是现状，即我当前的情况、遇到的问题："现在我已经有了素材，但在逻辑铺排上不知道怎么操作。"

第二是目标，即成功时的样子。"明晚之前给总经理写出一份 2000 字的年终总结讲话稿，他希望能够借此机会激发员工的工作动力。"

现状和目标之间的差距，就是问题。

在描述现状时，我们可以用一个简单的填空题来表达：（谁）在（什么时候 / 哪里）遇到了（什么问题）。

而要描述目标，就需要遵循 SMART 原则。这个概念已经在本书里提过多次，因为它非常重要，所以我想再举一个例子来说明。比如，"我要变好看"不是一个目标，"我要在一个月内减肥 10 斤"才是目标。

它们的区别是什么？

第一，是否具体。"好看"是目的，要实现好看的路径很多，可以是减肥，可以是化妆，还可以是换一套衣服。一旦不够具体，我们就很难找到一个努力的方向。

第二，是否可衡量。如果一件事不能被衡量，那么我们就无法在结束时确认它是否已做成。我们很难衡量"有没有变好看"，它太过主观；但我们很容易衡量"减肥 10 斤"，只要找到体重秤就可以测量。

第三，是否可达到。如果实现一个目标对我们的能力需求远远超过我们的能力范围，那么这个目标就没有意义。比如"一个月减肥 40 斤"对于大多数人来说很难实现，那么这个目标就只是一个空中楼阁。

第四，是否与目的强相关。任何目标都要服务于目的，比如"减肥 10 斤"服务于"变好看"。而如果我们的目标写成"每天晚上写一则日记"，那么这个相关度就差了。

第五，是否有截止日期。没有截止日期的目标，只会带来拖延，而没有激励作用。

7.4

分析：找到破解问题的思路

7.4.1　5Why 分析法

接下来，我们讨论如何解决问题。要解决问题，我们需要找到一系列关键动作。

什么是关键动作？简单来说就是，只要做好这几件事，大问题就迎刃而解了。比如，"如何把大象放进冰箱"，对应的关键步骤就是：打开冰箱，把大象放进冰箱里，把冰箱关上。

如何找到关键步骤？推荐一个简单实用的工具：5Why 分析法。

5Why 分析法是丰田公司首先提出的，即针对任何问题，问 5 个 Why，就能找到它的关键步骤，问题即可得到解决。

这里有一个经典案例：丰田公司前副社长大野耐一用 5Why 法找出机器停机的根本原因。

当时，丰田汽车生产线上一台机器停机了。于是，大野耐一问了第一个问题：为什么机器停了？得到的回答是：因为机器超载，保险丝断了。听到这个答案，很多人肯定会马上去换保险丝。

但是，大野耐一没有停止，问了第二个问题：为什么保险丝断了？回答是：轴承润滑不足。听到这个答案，很多人可能会去添加润滑油。

大野耐一继续问第三个问题：为什么轴承润滑不足？回答是：润滑泵失灵了。听到这个答案，很多人可能又会去换润滑泵。

大野耐一继续问第四个问题：为什么润滑泵失灵？回答是：轴承耗损了。听到这个答案，很多人可能会去换轴承。

大野耐一继续问第五个问题：为什么轴承会耗损？回答是：因杂质跑进去了。于是，真正的关键步骤来了：在润滑泵上加装滤网。

通过一层层发问，解决方案从最初的"换保险丝"，变成了最后的"加装滤网"。

这就是不断提问的好处：由表及里，找到解决问题的真正关键步骤。如果没有找到，那就很容易花了时间、费了精力，却解决不了根本问题。

其实，任何问题的分析都有三个维度：第一个维度叫现象，即我们看到的问题；第二个维度叫近因，即我们初步分析后的直接原因；第三个维度叫根因，即我们不断深挖，找到最终的影响因子。只有找到最终的影响因子，我们才能够对症下药，解决问题。我们有一句古话叫"头疼医头，脚疼医脚"，这样是解决不了问题的，只有找到根本的病因，才能治病救人。这是类似的道理。

针对最终的影响因子采取的行动，就是关键动作。

7.4.2　家里为什么不干净？

我们举一个身边的例子：家里为什么不干净？

有一段时间我发现家里特别不干净，自己也试过大扫除，但隔一段时间又会变成原样。我是怎么解决的呢？

第 1 个问题：为什么家里不干净？

一方面是打扫不勤快，一周才打扫一次；另一方面是租的房子在马路边，外面灰尘大。

第 2 个问题：为什么打扫不勤快？

一方面因为打扫卫生很累；另一方面因为工作太忙而总是忘记打扫。

第 3 个问题：为什么家在马路边就会导致家里不干净？

因为早上离开家时，总是忘记关窗，于是灰尘乘虚而入。

第 4 个问题：为什么感觉打扫很累？

因为家具很多，不容易打扫；也因为打扫的工具是传统的扫帚、拖把，打扫过程很辛苦。

有了这几层分析以后，我知道了解决问题的关键步骤，如图 7-1 所示。

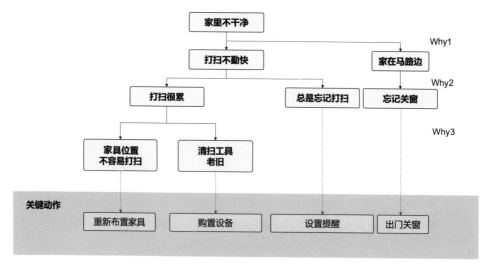

图 7-1　"家里不干净"的解决方案

第一，重新布置家具，方便自己打扫。

第二，购买自动打扫装备，比如戴森吸尘器、小米电动拖把，以前打扫要 30 分钟，现在只要 10 分钟。

第三，设置一个每周提醒，这样周六都会有一个打扫的启动机制。

第四，出门关窗。每天出门时检查有没有关闭窗户。

通过完成这些关键步骤，家里焕然一新。

7.4.3　各部门为什么不共享信息？

我们再看一个工作中的例子：各部门为什么不共享信息。

这是很多公司都会出现的问题。比如，A 部门做完某个项目，积累了很多经验，但并不会分享给 B 部门。这极大地影响了公司内部工作效率。

第 1 个问题：为什么信息不共享？

一方面是因为大家不愿意共享，另一方面是大家不知道怎么共享。前者是意愿，后者是能力。

第 2.1 个问题：为什么大家不愿意共享信息？

（1）没有共享意识。以前没有共享，也没有影响到工作，现在为什么要加强共享？

（2）没有共享激励。我共享了自己的资料，又不会提升自己的绩效得分，反而加重了工作负担。

第 2.2 个问题：为什么大家不知道怎么共享？

（1）没有共享的流程。不知道什么时候要共享，共享的操作步骤不清晰，那我怎么共享？

（2）没有共享的工具。我在哪里共享呢？是百度云，还是坚果云，还是飞书？

（3）不知道共享什么。哪些文件我应该共享，哪些文件我不能共享？

把这些问题分析清楚后，我们便能找到关键动作，如图 7-2 所示。

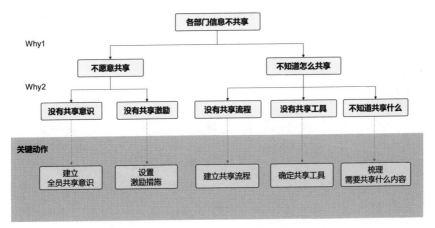

图 7-2　"各部门信息不共享"的解决方案

1. 建立全员共享意识。

2. 设置激励措施。

3. 建立共享流程。

4. 确定共享工具。

5. 梳理清楚要共享什么。

完成了这些动作，我们才能够真正解决问题。

7.4.4　如何使用好 5Why 分析法

通过前面两个案例，我们可以看到，在使用 5Why 分析法有三个技巧。

第一，5Why 分析法不一定要问 5 次。一般来说，问到第三层的时候，基本就可以找到关键步骤。

第二，问出每一个 Why 后，得到的答案可能不止一个。这时候我们可以建立分支，继续深挖。

第三，不要只从外部找原因。我们的目的是解决问题，而不是推卸责任。例如，问为什么迟到，如果从外部找原因，那就是今天堵车，这个问题就无解了；而如果从自身找原因，那就是没有早一点出发，那便可以通过早起来解决问题。

7.5 学习：通过学习找到解决方案

到目前为止，我们知道了要解决什么问题，也知道解决问题的关键步骤，这时候我们会发现，要完成关键步骤是有难度的。一方面需要硬性条件的支持，比如人、财、物，这需要通过整合资源获得；另一方面是需要具备相应的能力，比如某方面的知识和技能，这需要通过学习去弥补。

学习的方法就是阅读、听课、偷师和实践。在开头的案例里，为了"学习检索体系"，我用到的方法有：

（1）阅读。阅读了图书《知识管理：为业务绩效赋能》。

（2）听课。学习了陈海滢老师的《结构化思考，提升知识管理能力》

（3）偷师。向得到总编室品控总编侯成龙老师请教标签管理的方法。

（4）实践。具体去操作，并沉淀为可复制的经验，即《在线学习平台检索体系相关要求》。

关于行动学习，有三个实操建议。

第一，以"偷师"打开局面。

在行动学习中，我们要解决的问题非常清晰，而这些问题大概率其他人或其他企业都已经遇到过和解决过，"偷师"可以帮助我们找到快速破局的方法。例如，你的问题是"如何从 0 到 1 运营好一个职场公众号"，那么最好的方法是先找到一个跟自己定位类似的公众号，然后观察它在确定选题、排版、与读者互动等方面是怎么操作的。

第二，以"阅读"和"听课"建立系统性认知。

当我们打开局面以后，接下来就是对整个领域形成一个基本认知，这时候用到的方法就是阅读和听课。例如，当我们大致了解清楚他人是怎么运营公众号的，接下来可以阅读或听课，以系统了解公众号运营的基本策略。这可以帮助我们应对更多的运营场景，比如私域流量怎么做、社群运营怎么做等。

第三，以"实践"形成自己的方法论。

当我们学习了相关知识和技能以后，可以先在一个小领域进行实践和测试，然后基于这个测试形成自己的方法论。比如，我们可以开通一个公众号，先运营两周，一边做一边复盘，有哪些做得比较好，继而形成工作清单；有哪些不足，尝试改进方案。

7.6 解题：学以致用解决问题

学完相关内容，接下来就是学以致用解决问题了。解决问题分三类情况。

第一类是直接解决。针对简单的问题，可直接采用对应的解决方案。比如解决"如何写一份年终总结"这个问题，可以用偷师的方法拿到去年的年终总结报告，学习完它的框架、表述模式之后，便可以直接参考解决当下的问题。

第二类是先试点再推广。针对影响面较大的问题，先在一个地方试点，看有没有问题，再大面积推广。比如开头的案例"检索体系设计"，因为涉及整个公司，影响面大，所以我们先按照这个检索体系对自己负责的课程进行修改完善，在确保无误后，再把这套方案下发给各子公司，全面推行。

第三类是一边学习一边解决。针对比较难的问题，学了以后就推进，然后继续学习、继续推动。比如"如何完成信息化建设"这个问题，里面有太多子问题，我们需要各个击破，一边学习某个模块知识，一边解决对应的问题。

7.7

如何用行动学习的思路解决问题？

在前文我们提过，行动学习的核心是解决真实存在的问题。这意味着，只要身边出现了某个问题，我们便可以通过这套路径解决。这一节我们看一个例子。

有个朋友曾经向我吐槽：他们部门要在公司内推广某协同办公软件，但是总推不动。这该怎么办？

7.7.1　识别：诊断当前的问题

我们没有直接进入解题，而是先把现状和目标讨论清楚。

一现状：公司同事习惯使用微信沟通，这样很方便；他们在内部动员过大家使用协同办公软件，但大家依然用微信沟通。

一目标：领导希望1个月内全公司员工办公时，不用微信，而用协同办公软件。

7.7.2 分析：找到破解问题的思路

为什么大家不使用协同办公软件？在和朋友的沟通中，我得到两方面信息：

一意愿层面：大家不清楚这么做有什么意义，毕竟现在微信沟通也挺方便的；使用协同软件也看不到什么好处，不使用也没有惩罚。

一能力层面：软件目前操作起来有点复杂，大家不会用，即使基础的"共享文档"也不知道怎么操作。

明确了原因，接下来就是对症下药，找到关键路径。

意愿层面有三条关键路径：

一动员。公司领导在员工大会上告诉大家这么做的意义，比如避免信息遗失、增加协同办公效率。同时要求领导层以身作则，第一时间使用协同办公软件。

一激励。每月每个部门分享自己在协同办公软件上工作的成果，例如如何通过它加速会议效率，对于优秀分享者给予物质和精神奖励。

一惩罚。如果管理层收到员工微信发来的工作信息，直接要求对方改到协同办公软件上发送。

能力层面有三条关键路径：

一简化。修改软件功能，不求多，但求精。否则琳琅满目，看起来就会觉得麻烦。

一培训。对员工进行操作培训，让大家能更快上手。

一支持。提供操作指引，不懂时可以马上查阅。

7.7.3 学习：通过学习找到解决方案

在关键路径上，有些可以跟上层领导沟通，马上落地。还有一些需要朋友通过学习，找到具体的解决方案，比如：软件要保留哪些功能，保证体验最优；培训如何设计，保证大家听得懂、学得快；操作指引如何撰写，保证大家能快速查阅。

在学习上，我的建议是先"偷师"，即拿到其他公司的方案，看看它们的同类软件里有哪些功能，它们是怎么设计培训的，它们的操作指引是如何写的，找到破题思路。然后去"听课"，利用上下班时间，听听"体验设计"相关课程，保证设计出来的软件能让大家用起来舒心。最后，先在部门内部让所有人体验一次，不足的地方及时修正。

7.7.4 解题：学以致用解决问题

最后，他们用这套方法修改了软件，并在一个月内基本实现了软件应用的普及。

总　结

本章我们讨论了一个问题：如何通过行动学习，将四种学习方法融会贯通？

（1）行动学习的核心是"在做中学"，即通过解决具体的问题，从而达成学习并掌握新知识的目标。

（2）个人的行动学习包括四个步骤：识别，诊断当前的问题；分析，找到破解问题的思路；学习，通过学习找到解决方案；解题，学以致用解决问题。

（3）在分析问题时，有一个简单的方法："5Why 分析法"。通过询问多个"为什么"，找到解决问题的关键影响因子，继而找到对应的关键步骤。

本章的总结如图 7-3 所示。

图 7-3　行动学习：整合高效学习的四种方法

第 8 章

知识管理：沉淀学习交付物

通过阅读、听课、偷师和实践，我们会积累大量的知识和技能，这时候一个问题就出现了：需要将它们背下来吗？

工作之后与学生时代一个最大的差别就是对记忆的要求不同。学生时候的输入大多是为了应试，所以一定要记得清楚、牢靠；工作后的学习则是为了能力提升，很多信息只了解一下就可以，之后需要时便能快速检索。例如，你并不用背下公司报销的流程，只在需要的时候能够找到清单，然后一步步走完流程即可。

个人知识管理的核心，就是将拥有的各种资料、信息整理到位，方便日后检索和更新。它包括6个步骤。

（1）匹配：找到满足自己需求的信息。

（2）收集：把各个渠道的信息放在一个收件夹里。

（3）收纳：接下来对信息分类存放，并做好方便快速识别的标签。

（4）提取：需要某个信息时快速查找获取。

（5）迭代：日后根据自己的工作变化、关注点变化而迭代整个体系。

（6）备份：避免信息意外丢失。

这 6 个步骤其实跟我们"双 11"购物的场景类似。

（1）匹配：从各大电商平台里挑选出满足自己需求的商品。

（2）收集：大量快递到家，我们先把它们放在某个地方。

（3）收纳：拆开快递，不同的快递放在不同的地方，比如衣服放入衣柜，厨具放入厨房。

（4）提取：等到需要使用时，就直接在特定的地方取出即可。

（5）迭代：在下一次"双 11"来临时，自己可能换了个大房子，需要重新设计收纳空间，然后再存放对应的物品。

（6）备份：由于是网购，电商平台的"已购"里已经帮我们备份了商品信息，下次购买时可以供我们快速查阅。

在本章，我们就每一步展开，具体看看如何管理好自己的知识。

8.1 匹配：这是你的知识体系

8.1.1 有了百度，为什么还要做知识管理？

现在互联网这么发达，这意味着你的大多数问题，都可以通过"百度一下"获得答案。在这样的背景下，为什么还要做个人知识管理？

这是很多人问我的一个问题。这背后的根源问题就是：我们的知识体系和外界的知识体系有什么差异？

举一个例子，《好点子都是偷来的：史上最感性的 60 堂创意课》里提到一个实用的思考方法。

要想实现目标，通常可以准备三种可能的方案：

1. 最佳方案

2. 中间方案

3. 最差方案

预先想清楚将来可能出现的所有情况，这样一旦发生任何一种情况，你都能处在一个更有利的位置从容应对。

我把这段话摘到了印象笔记的"向上管理"笔记本里，但并没有就此打住，还补充了自己的思考：

这个方法可以用在培训方案的汇报中。根据预算情况，准备三类方案：预算最足的最佳方案，预算居中的中间方案，预算最低的最差方案。

在补充思考的内容以后，书里的内容才会变成"我的"内容。因为这些场景是"我的"场景，与"我的"工作息息相关。

再如，同样是准备开会，百度一下可以得到一系列开会的指引，看起来都对。而字节跳动内部的模式不太一样，他们有一种形式叫作"默会"，即在开会前十来分钟，大家不说话，都去看会议文档，并通过在线软件进行标注。等大家提前消化之后，再聚焦主题讨论。如果你是字节跳动的员工，这个会议模式才是"你的"。

所以你应该也看到了，百度和个人知识管理的根本差异就在于：是"通用版"还是"定制版"。比如：我的知识管理文档里，有从某本书里整理的与工作相关的技巧，从某门课程里了解到的初创团队管理方法，从他人那儿偷师来的主持会议的发言模板，以及在自己实践中复盘得到的培训设计的注意事项，这些都高度匹配了我的生活和工作状态。当我遇到问题时，就在里面查找，得到的答案更匹配我的需要，更能解决自己场景中的问题。

8.1.2　知识管理的前提是克制

在这本书里，你会发现"适不适合"出现的频率非常高：这本书适不适合你？这门课适不适合你？偷师的对象适不适合你？

到了知识管理层面，我们必须要强调一次：这些知识适不适合你？

举个例子："双 11"你买了很多东西，有一些确实有用，比如卫生纸、洗发液，囤着可以以后慢慢用；但也有一些只是因为便宜而冲动消费，结果买了以后不知道放在哪儿，也不知道什么时候用。无用的东西多了以后，会挤占空间，影响你找到真正有用的物品。

类似的事情在知识管理里就是灾难。以下情景你应该都遇到过。

—只要遇到"好"文章，马上收藏到笔记软件里，某天突然一查看，竟然存了 100 多篇。

—看到有人分享"80 个 PPT 模板"，于是想也不想，赶紧存下来。

—有人分享了 100 个金句，不用想，复制留存。

在大多数情况下，这些收藏的信息进入硬盘后，可能再也不会被我们阅读。知识管理的根本目标是：做决策时能更快地从已有的知识库里找到匹配的信息。但是，如果信息太多，反而检索困难。困难的情况发生多了，我们就会选择放弃，同时质疑知识管理的作用。

所以，知识管理最重要的前提就是克制：只选合适的。

—文章很好，但满足我的需求吗？如果不满足，那算了。

—80 个 PPT 模板里，挑出最好的 10 个，其他的都删掉。

—100 个金句，挑出与自己需求最相关的，比如演讲类，其他的就算了。

8.2
收集：存储有价值的信息

8.2.1 充分利用收件箱

在刚开始做知识管理时，我的压力非常大。为什么？因为每次收到一个文件，我总想着要把它放在某个具体的文件夹里。有些好办，比如某个课件，那就放入"课件"文件夹；但有些就没那么容易归类了，比如领导发来的一个临时工作文件，它不属于之前的项目，而且当天做完之后大概率就不会再使用了，那新建一个文件夹合适吗？于是，我会花很多时间去纠结：它应该放在哪里？

这样的情况持续了一段时间后，我开始问自己：知识管理不应该这样吧？它的核心必然是"简单"，而不是让自己陷入焦虑之中。于是，我重新回顾这个环节：在信息收集到信息归类中间，是不是应该有一个过渡过程？

"桌面"就是个过渡。之后，我的桌面开始变得"凌乱"。只要有文件来，不管三七二十一，先丢到"桌面"。每天下午5点，再做集中整理，主要包括三类工作。

（1）删掉没用的文件。如前文提到的当天临时收到的文件，完成以后并已通过邮件发送，那电脑里没必要再保存，直接丢入"垃圾箱"。

（2）精简普通的文件。比如一份文件有50页，其中只有2页有价值，那就删掉其他页面，只留下这2页。

（3）归类有用的文件。通过前面两个步骤，剩下的文件已经所剩无几，这时候我再思考把它们放在哪里，压力就小了很多。

在这里，"桌面"扮演了"收件箱"的角色，成为信息或文件的临时仓库。它有三个作用：

第一，减轻我们的决策压力。如果每次文件一出现，就要去思考把它放在哪儿，自然会增加日常信息处理的决策压力。如果我们仔细观察，大多数知名的笔记（或写作）软件，都有"收件箱"这个文件夹，例如比较出名的

Ulysses、熊掌记等。当我们在写作时，不用考虑文章属于哪个主题，想到了就写，写好以后再去思考把文章放在哪儿，这也遵循类似的逻辑。

第二，帮助我们快速定位。"收件箱"天然有一个属性叫"最近"，这样当领导突然要求"曹将，把某份文件发我"时，如果那份文件是今天收到的，那我便会在桌面上查找，快速定位这份文件。

第三，提高信息存储的质量。当我们要把"收件箱"里的内容放入对应的文件夹里时，就会多一层判断：它是否有价值。通过这个过滤动作，入口变窄了，质量变高了。

所以，知识管理最简单也最有用的一个绝招，就是用好"收件箱"。如果是对文件的管理，那么可以直接用桌面担当"收件箱"的职责；如果是文章、笔记等，那可以在笔记 / 写作软件里新建一个叫"收件箱"的笔记本。

关于"收件箱"的管理，还有一个重要的建议：每隔一段时间整理一次，这个频率最好不要超过一周。否则，里面的文件堆积如山，再来整理便会非常困难。

8.2.2　信息输入标准化

假如你在公众号里看到一篇不错的文章——《假期最后一天，我想聊聊这个话题》，按照之前的流程，先保存到印象笔记软件的"收件箱"里。过了一周，当你想要对它进行归类时，就会面临一个困扰：并不知道它在讲什么。原因有以下三个。

（1）大多数文章都存在标题党的嫌疑。这也好理解，毕竟现在都在争取流量，如果标题改成《如何好好工作与生活》，很难吸引他人注意。

（2）文章都有一些铺垫。为了让读者更能代入场景，作者一般会在开头加一些故事，但是这些内容却会在后期查阅时形成阻碍，影响对关键内容的检索效率。

（3）文章的结构不一定清晰。并不是所有人都接受过结构化训练，文章很可能写得结构不清晰，这也导致后期很难快速获取关键信息。

那怎么解决这个问题呢？这里有三个步骤，帮助大家整理任何需要保存的内容：

1.重写标题

假如你是 HR，需要招一个设计岗的员工，面对以下两个邮件标题，哪一个会让你更舒适？

—标题一：求职

—标题二：曹将—设计岗—3 年经验—中大硕—1862072×××

相信大多数人会选择后者，因为它直接对应了你要做决策的关键信息：

—他就是面试设计岗的，求职意向符合。

—他有 3 年经验，符合岗位要求。

—学校和学历还行。

—联系一下吧，刚好电话就在这儿，打过去。

在知识管理中，标题非常重要。好的标题，能让你快速获取最核心的信息。所以，建议对任何需要存储的信息，重构它的标题。比如，上面的《假期最后一天，我想聊聊这个话题》，就可以改成《A—3 步实现平衡工作和生活—保护自己—做好规划—做好总结—曹将》。

这个命名方法来自知识管理专家陈海滢，对应的文件命名规则如下：

质量—范围—名称—摘要 / 评价—作者 / 来源

例如一份课件原始命名为：时间管理，按照陈老师的方法，修改后的名称为：

A—课件—如何做好下班后的时间管理—重点参考第三部分—李老师

这个命名规则包括了五个元素。

第一，质量：用 ABC 代表文件的整体质量，A 为好，B 为一般，C 为部分可参考。

其中 A 和 B 好理解，而 C 的意思是：它可能整体质量不怎么样，但有其他地方可以参考，例如表达方式不错、PPT 设计不错等。

第二，范围：文件属于什么类别。

这可以方便我们后期快速了解内容属于什么领域。比如：当看到"如何做好下班后的时间管理"时，如果没有"课件"表明范围，那么我们日后很难判断它是文章、模板还是课件。

第三，名称：文件的名称。

在取名时最好改成自己容易理解的内容，比如，原文件的名称是"时间管理"，但是主题主要讲的是"下班后的时间管理"，这时候就最好改成后者，方便日后检索。

第四，摘要 / 评价：文件的核心内容，或者我对这个文件的评价。

这可以方便我们日后快速判断内容适不适合阅读，或者阅读哪里。比如"重点参考第三部分"，未来看到的时候，就知道哪里要重点阅读。

在具体实践上，这部分可作为可选内容。有时候时间来不及，我也会省略它。比如，在某个群里拿到一份不错的文件，时间紧张，只是粗略看了一眼觉得很不错，就赶紧保存。这时候，便很难完成摘要或评价。

第五，作者 / 来源：文件的作者或文件从哪里获取的。

添加作者 / 来源有两个好处，其一是增加可信度，比如一份文件是从导师那里获得的，质量就更有保证；其二是增加搜索线索，特别是同类型的文件太多时，按人名搜索会更精准。

通过重写标题，我们只要看一眼标题，就能快速知道文件包含哪些内容。

2. 重点突出

知识管理的目标是管理对自己有用的知识，其他信息则是干扰。所以我们需要突出最有价值的信息，弱化（甚至删除）价值不高的信息。

一般来说，核心观点、关键步骤、诀窍等属于最有价值的信息，我们可以将这些信息突出呈现出来，比如加粗、改变颜色等。

3. 添加摘要

如果内容很长，即使我们把有价值的内容突出显示出来，后续查阅也很费时间。这该怎么办呢？同样的问题在另一个场景里会经常遇到，那就是"论文写作"，解决方案就是"写摘要"：用两三百字说清楚为什么要研究这个问题，用了什么方法，取得什么结论，提供什么应用价值。

所以我们可以参考论文摘要的写作，用简练的语言总结核心内容。在具体实践中，我偏好于清单体的写法。例如，在上文有一部分写的是"避免使用手机"，如果它是一篇文章，我们保存在印象笔记里，这时候就可以添加一份清单摘要，归纳核心观点。

（1）把看时间的功能剥离出来：买手表或手环。

（2）把杀时间的应用都藏起来：游戏、抖音放入第三屏。

（3）将一段时间设置为勿扰模式：专注时间勿扰。

（4）多用手写而非手机打字：买纸、笔。

（5）建立自己的"稍后模式"：并不是每个信息都要马上回复。

这样，后期查阅时，看到摘要，就能马上知道关键内容。

这是针对已有内容进行二次重构的过程。但你肯定会说了，有时候我们自己也要从 0 到 1 建立笔记，对此有没有什么建议呢？

答案是有的，那就是参考模板来写作。目前各个笔记软件都有一套模板，大家可以基于模板来整理对应的内容，效率也会大幅提升。

当然，你会发现很多模板并不一定适用于你的工作场景，这时候，你可以考虑建立自己的模板。

比如，我们在上文里提到多次的复盘五步法，其实就是一个典型的模板。只要是复盘相关的内容，都可以通过它来写作。有一次我们要挑选一个主持人，主持新员工培训，那我就按照这个模板进行记录。

（1）回顾经历：新员工培训时需要一位主持人，标准是形象气质不错、擅长表达，最好之前有过相关的经验（如大型晚会、重要比赛主持经验），性格外向，比较健谈，意愿度高。于是我们在 HR 群里询问各子公司，得到了 3 位候选员工，并拿到了他们的简历，发现三人都有主持经验。接下来我们安排面试，提前给了每个人一份主持稿，让他们在面试现场演习，以判断他们的真实能力，最终选择了上海公司的学员代表。

（2）评估结果：在开营仪式的主持上，该学员表现出彩，受到一致好评。

（3）分析原因：选拔标准清晰，围绕标准进行选拔，得到合适的主持人。

（4）得到成果：①提前确定标准，形象上气质不错，能力上表达不错，经验上做过主持，特质上外向，动力上意愿高。②面试时直接演练，能马上看出真实水平。

（5）更新迭代：之后跟其他公司的同行交流，他们建议下一次再选拔时，可以在面试时考虑加入与"如何应对紧急情况"相关的问题，例如"如果领导突然有事没来怎么办"。这既可以看出候选主持人随机应变的能力，也可以让他有个心理准备，避免现场失控。

8.3

收纳：搭建知识管理体系

当我们从"收件箱"里筛选出有价值的内容之后，接下来就要将它们放入特定的文件夹。这时候，目录体系就变得非常重要。

建立知识目录呢？推荐三个思路。

8.3.1　完备法

第一个思路是"完备法"。比如，我经常要给领导写讲话稿，需要搜集各个渠道的好文章，以作为素材积累。那么我的知识目录就是：

—公司内部发言稿

—公司外部发言稿

可以看到，"内部"和"外部"囊括了该主题下所有的分类。类似的还有：

—待阅读发言稿

—已阅读发言稿

这是通过"是否已阅读"对文章进行分类。

完备法的核心原则是 MECE（Mutually Exclusive Collectively Exhaustive），中文意思是"相互独立，完全穷尽"。这样的目录非常完整，一旦建立以后，只要是归属于这个主题的内容，都能找到自己的"安身之所"。

关于完备法，有四个使用建议。

（1）在初期不要分得太细。我在刚开始存储发言稿时，使用的分类是"内部"和"外部"，那时候文章不多，这样操作也快捷。

（2）定期对分类内容进行梳理。积累一段时间以后，原有分类里的内容变多，检索也会变得困难。我会对大类进行更细的拆分，比如将"讲话"这个大类拆分为"培训讲话""年会讲话""品牌活动讲话""新年致辞"等。所以分类是一个动态元素，并非一劳永逸。

（3）使用编号进行排序。对我来说，"公司内部发言稿"的阅读频率高于"公司外部发言稿",所以在命名时,我会在前面加上数字序号:1—公司内部发言稿,2—公司外部发言稿。在电脑或笔记软件上,按照顺序排列,这样每次打开文件夹/笔记本时,首先看到的都是内部发言稿,这样检索效率更高。

(4)永远不要太复杂。我曾经看过一些朋友的分类,看起来非常"系统",例如:

—学习:营销学、心理学、哲学、科学技术、设计、人力资源、英语、写作方法

—工作:招聘、培训、人才管理、绩效考核、人事运营、组织设计

—生活:健康、爱情、厨艺、博物馆见闻、旅行

—兴趣:摄影技巧、视频剪辑、观影笔记、优质音乐、游戏攻略

每一个下面还有子类别,例如:

营销学:渠道铺排、定价设计、营销战略、客户分析、产品设计、广告方案、优秀文案

这样的设计很细,但实际使用起来非常复杂:每次打开文件夹或笔记本,都是一大堆分类,似乎在等着你来填满,没填满就容易有负罪感;而后期查找某个信息,则要在眼花缭乱的分类里找到对应的类别,效率非常低。

要解决这个问题,就要回到第一节里提到的核心原则:知识管理的前提是克制。真的没必要什么都保存下来。

8.3.2 重点法

在使用完备法时经常会面临一个困扰:有的分类很难做到完备,该怎么办?比如你要保存很多 PPT 模板,想按照主题颜色来分类,总不可能所有颜色都穷尽吧?这时候我们就可以用"重点法"来操作。比如常见的主题色有蓝、红、橙、紫、绿,剩下的全部用"其他"来指代。这样,重点清晰,非重点的也能有自己的位置。

这个方法其实在现实生活中也经常看到。去餐馆点餐时,最苦恼的是什么?那就是一张菜单,分为粤菜、川菜、鲁菜等,密密麻麻写了 40 多种菜式,这种分类就是"完备法"。看完以后,不知道到底应该选择哪些菜。但是,

如果餐馆增加一列本店推荐，就很清楚了，不知道吃什么，直接点这部分菜品即可。

这就是"重点法"的特点：把重点内容突出出来，无论是整理还是提取，都非常快捷。

例如，发言稿积累了一段时间以后，我会发现有的相对质量更高，那我就会使用"重点法"来分类：

—精品发言稿

—其他发言稿

这样，之后如果想要检索发言稿，便可以重点关注"精品发言稿"，如果实在找不到合适的，再看"其他发言稿"。

关于重点法，也有三个建议：

第一，既然是重点，那进入的标准必须更严格。

（1）使用频率更高。我在印象笔记里有一个笔记本，叫"高频"，里面是我查找使用特别频繁的笔记，比如：

—合作方的报价。因为培训会经常需要写预算，所以会汇总物料、酒店、会议室的报价情况，我把它们放入"高频"笔记本，写预算时可以快速查找需要的信息。

—写作常用金句。因为经常要写讲稿，所以汇总了各种类型的表达方案，在写作时可以打开参考。

—常用通讯录。要找某个同事时，可以直接在里面查找联系方式。

（2）精品含量更高。我的"精品发言稿"笔记本，里面不是具体的某篇文章，而是从文章中摘录的关键片段，这样在阅读时，保证每一句都是精华。例如：

在我国古代，"学"与"习"两个字一般是分开使用的，具有不同的内涵。学主要是指直接经验和间接经验的获取，就是"学知识、学理论"的意思。习主要是指熟悉和掌握技能、修炼德行等带有实践意义的活动。——《要正确认识学习》（董明发，中央党校培训中心研究开发处处长）

第二，既然是重点，那么也要更容易被找到。

如果是电脑上的文件，可以直接在桌面建立一个"重点"文件夹，里面是常用的文件。如果是笔记软件，那么可以在笔记本前面加一个序号，例如

"0—重点"，这样按照标题的字母排序，它自然会排在第一个。

还有一个小技巧，那就是利用 emoji 图标来命名。因为我们都是视觉动物，看到图形更容易反应过来它代表什么，例如：

—重点

很明显，第一个更容易被注意到。

第三，既然是重点，更要有"更新机制"和"退出机制"。

只要是存储空间，无论我们多么谨慎，它一定会变得越来越多。多了以后，它的"重点"属性就不再明显，反而像另一个"收件箱"。所以，建议每隔一段时间，对"重点"文件夹进行整理。

（1）对旧内容进行更新。有的内容每隔一段时间就会变化，那就需要定期进行更新。比如我的"合作方报价"就要每年更新一次，否则它就没有了时效性。

（2）对非重点内容进行剔除。有的内容在当初看来是重点，但是现在看就只是普通信息，这时候就需要把它挪到普通文件夹里。比如，我之前的工作是做研究，那么"行业发言"类演讲稿是重点；当我转岗到培训岗后，"培训发言"类演讲稿才是重点。于是，原来的"行业发言"相关文稿就不适合放在"精品发言稿"里了。

8.3.3 标签法

假设你有 10 本书，其中：

（1）A、B、C、D、E 是人文类，F、G、H、I、J 是工具类。

（2）A、B、H、I、J 是这周要看的，C、D、E、F、G 是下周要看的。

（3）你的妻子说，D 和 F 她之后要看。

你会怎么对这些书进行分类？

按照传统的文件夹管理模式，你会遇到一个困扰：如果按照图书类别来分，好像很难照顾时间维度上的快速查找；如果按照时间维度来分，好像又很难照顾类别上的快速查找。

标签就是用来解决这个棘手问题的（如图 8-1 所示），我们可以分三步来操作：

第一步，在书柜上按照图书类别（人文类和工具类）分好图书。

第二步，在图书上贴便利贴，比如本周的用红色，下周的用绿色。

第三步，在 D 和 F 上再贴上特别的贴纸，它们是妻子要看的书。

于是，无论是查找类别，还是根据时间选择，抑或根据妻子的需求获取，都能快速定位图书。

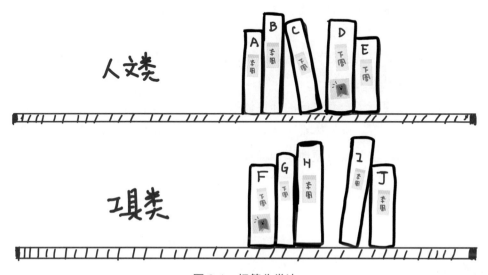

图 8-1　标签分类法

在这里，贴纸就是知识存储的"标签"。

标签在知识分类上扮演着非常重要的角色，它延伸了我们对信息分类的维度，毕竟每一条信息都有不同的特点，我们总是基于主要特点分类，却又经常需要基于其他特点进行搜索。所以，标签便在检索场景化上提供了更多可能性。比如：

一特殊标记。比如前面案例中提到的"妻子要看的书"。

一评分判定。比如我们可以给知识进行评定，类似酒店评级"五星""四星""三星"。

一优先排序。比如有的内容是本周要处理的，有的内容是下周要处理的。

这样，我们便可以根据各种场景快速检索知识内容。

知道了标签的用处后，接下来我们看看如何建立标签。规则很简单：先混乱，再统一。

（1）先混乱。在我们不知道使用什么标签的时候，那就先"随便"，但要保证，每一条都要有个标签。例如，存了一篇文章，标签是"精品"和"培训"；收藏了金句，标签是"精品"和"写作"。

（2）再统一。当标签越来越多，接下来就要对它们进行规范。比如：

—你会发现有些标签用得很频繁，例如"精品"，那么这就是常用标签。

—有的标签跟其他标签重复了，例如"写作"和"码字"，那么就统一为"写作"。

—有的标签跟其他标签有从属关系，例如"写作"包含了"公众号写作"，那么之后可以设置为"1—写作""1.1—公众号写作"。

这样，你便有了一套自己的标签体系。

特别说明一下，标签体系更适合在笔记软件（如印象笔记、有道云笔记）中实现，它们可以非常方便地添加标签。

8.4 提取：快速找到目标信息

当我们建好知识目录、重写标题、突出重点、添加摘要以后，查找信息的速度便可以大幅提升。当然，如果希望速度更进一步，可以考虑两个小技巧。

技巧一：使用 Everything 搜索文件

Everything 是 Windows 系统中的一款搜索软件，它能够基于文件名快速定位文件和文件夹，特点是免费、小巧（只有 10 多兆），安装后只用输入文件名，一秒钟出结果。

下载链接：https://www.voidtools.com/zh-cn/

如果你使用的是苹果系统，那么同时按住 Command 和空格键，即可实现类似效果。

技巧二：使用搜索语法搜索内容

大多数笔记软件都有一套搜索语法，在搜索时加上它们，便可以快速定位需要查找的内容。以印象笔记为例，常用的搜索语法有三个：

——"intitle："根据标题检索笔记。例如，"intitle：效率"即搜索标题中带"效率"的笔记。

——"notebook："在已有的笔记本中搜索笔记。例如，"notebook：心理学"即只搜索"心理学"笔记本中的笔记。

——"tag："搜索包含已有标签的笔记。例如，"tag：字体"即搜索含有标签"字体"的笔记。

8.5 迭代：升级内容和体系

8.5.1 知识整理：只留下有用的知识

在做了一段时间知识管理以后，很多人都会面临一个困惑：无论做得多么有体系，它都会变得越来越冗杂。在我们要查找某个信息时，很容易被无关信息干扰。

这就类似于家里的收纳，无论你做得多么有规划，但是随着购买的物件越来越多，它也会变得很杂乱。这时候，我们会扔掉一些没用的物件（比如一些没用的盒子），把使用频率较低的物件（比如不常用的椅子）放入杂物间，把经常使用的物件留下。

"知识整理"的操作也是类似，它分为两个步骤。

第一步：进行评价。

在这一步，我们要对知识进行分类：

一过时的内容。它们已经不能用或不适用了，比如之前整理的某个效率网站，现在已经无法访问了。

一低频的内容。它们可能有用，但是使用频率很低，比如曾经写的日记。

一高频的内容。它们经常都要被查找，比如演讲金句。

第二步：分类整理。

针对不同类型的内容，我们可以采取不同的处理模式。

一针对过时的内容，要么删除，要么将它们打包，然后存到移动硬盘里或上传到网盘里。

一针对低频的内容，我们可以建立一个"归档文件夹"，将它们集中保存在里面，需要查找时就去这里查找。

一针对高频的内容，我们就让它们依然保留在原来的位置。

完成这样两个步骤之后，再回看我们的知识体系，就像家里完成了一次大扫除，焕然一新。

8.5.2　重新装修：知识管理的迭代更新

再过一段时间，知识管理会出现另一个问题：整个知识体系需要迭代升级。比如对我而言：

一在读书阶段，知识体系更多围绕 PPT 设计展开，目录包括配色、图表、表格、排版、逻辑、字体、封面设计、图片灵感等。

一在我工作前 4 年，知识体系围绕"战略研究"展开，目录包括养老地产、文旅地产、长租公寓、市场研究等。

一再往后，知识体系则围绕"培训管理"展开，目录包括培训技巧、项目设计、课程记录等。

所以，在每个阶段，知识管理的体系都不同。在职业生涯发生大变化时，知识体系也要随之更新。

8.6 备份：避免信息意外丢失

某天，朋友突然在群里问：哪里可以维修硬盘？原来他的电脑硬盘突然坏了，里面保存了他所有的工作文档，如果不能恢复，损失不可估量。这样的情况其实很容易发生，比如去参加一个会议，不小心把电脑弄丢了；带着笔记本电脑去拜访客户，电脑突然摔到地上坏了。

所以知识一定要及时备份。否则出现问题时，损失巨大。如何备份呢？有两个建议。

第一，多用云笔记。虽然我们可以用 Word 等软件处理文档，但还是建议用云笔记，一方面它能实现在各个终端（手机、平板、电脑）同步，另一方面它能让你的知识永久保存。常用的云笔记软件有印象笔记、有道云笔记、OneNote、腾讯文档、飞书等。

第二，多用网盘。我会将重要文件同步到坚果云里，随时随地在各个终端上查看，也能保证永久保存。

8.7 文件管理流程

到目前为止，我们介绍了知识管理的基本流程。接下来我们针对文件管理、印象笔记管理和通讯录管理三类场景，给出三个案例，方便大家更好地掌握知识管理。

做培训项目会涉及很多相关方，产生很多过程稿，为了更好地对它们进行管理，我的做法如下。

（1）匹配：早上9点，打开邮箱，发现有五份邮件，其中四份是广告，一份是合作方发来的方案，这个方案需要重点阅读。

（2）收集：把方案下载到桌面，简单读了一遍，基本符合需要。过了半小时，部门开会时领导问起这件事，于是我直接回到桌面，打开合作方案，向同事们做了介绍。他们提了一些建议，我反馈给合作方。下午3点，合作方发来修改版，我也下载到桌面，然后跟领导汇报，确定无误，定稿，并反馈给合作方。下午6点，整理桌面，把过程稿放入"垃圾箱"，确定的方案修改名字为"A—合作方案—××培训合作项目策划—××公司"。

（3）收纳：将方案放入文件夹"2021年"下的"××项目"中。

（4）提取：2天后，由于要走合同流程，需要打印这份项目策划，我打开软件Everything，搜索"××公司"，马上出现结果，直接打印。

（5）迭代：等这个培训项目结束以后，我开始对整个文件夹进行二次整理。所有的文件被归入8个文件夹，包括项目方案、课件、学员情况、课表、分工安排、照片、会场布置、其他。这个目录体系是经过多个项目后和同事共同探讨出来的，使用到的方法是前面介绍的"重点法"，即最常用的都在里面。

（6）备份：一段时间以后，电脑硬盘开始吃紧，于是我又对内容进行了梳理：照片只筛选出"精选照片"，例如合影、老师照片、上课学习照片，其他照片都放入移动硬盘保存。类似的，"其他"文件夹也放入移动硬盘，这样电脑里只留下最重要、最频繁使用的文件。

这便是文件管理的全流程。

8.8 印象笔记管理流程

除了文件，大多数有价值的信息我都会存储到印象笔记里。比如：

—在写这本书时，我会为每章建立一个笔记本，然后存放从各个渠道收集到的有价值的信息。

—日常看到的好文章，我会保存到这里。

—工作上的重要信息，例如报销流程、出差方法。

也就是说，一旦我有相关的需要，都会打开印象笔记，找到对应的解决方案和参考资料。

（1）匹配。最近一年，因为写书的缘故，我会特别留意与"高效学习"相关的信息。

（2）收集。当我在网上看到了下面这张图（见图 8-2），很有启发，于是就将它放入印象笔记中的"收件箱"笔记本里，并且做了如下工作：

—将笔记命名为"A—知识体系—知识产生影响力的过程—gapingvoid"。

—添加标签"书"（即这张图可以用到书里作为案例）。

—添加摘要（一句话描述）：知识产生影响力的过程包括收集数据、形成信息、沉淀知识、产出洞见、提炼智慧、创造影响力。

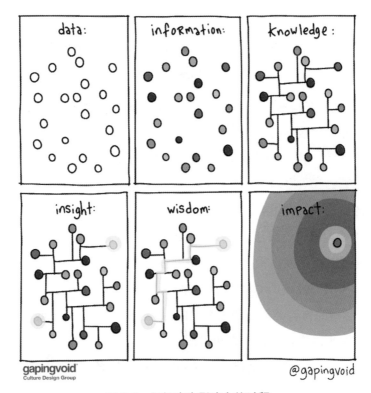

图 8-2　知识产生影响力的过程

（3）收纳。晚上对"收件箱"进行整理，将笔记放入"知识管理"笔记本中。当这个主题的笔记越来越多，我做了一个目录（如图 8-3 所示），这样后期再查找时便会更加容易。

目录

1 A—知识体系—知识产生影响力的过程—gapingvoid

2 A—索引体系—如何使用标签—嵌套标签—图标标签—少数派

3 A—知识体系—如何快速构建自己的知识体系—梁金龙

4 A—索引体系—印象笔记标签管理—梁金龙

5 A—知识体系—如何用好印象笔记知识管理—案例—印象笔记

6 C—索引体系—像写书一样做知识管理—曹将

7 C—管理工具—利用幕布和GoodNotes梳理信息—曹将

8 B—管理方法—知识体系构建7步法—彭小六

9 B—案例开发—案例开头的统一模板—曹将

10 A—索引体系—如何给文件命名—五个内容—陈海滢

图 8-3　印象笔记目录

（4）提取。在写书中，需要使用到这张图时，就直接在"知识管理"里找到笔记，然后直接使用。

（5）迭代。当"知识管理"下的笔记多了以后，我会开始对内容进行整理：

一有的内容互相有重合，那么就只保留一个。

一对 A 类内容进行降级。在早期，我们只要看到一个不错的就会标为 A，但是后期再看时，会发现很多其实质量并没有那么高，就降为 B。

一删掉质量不过关的 C 类内容。你肯定会说，那以后万一有用怎么办？不用担心，删掉的内容会放在印象笔记的"废纸篓"里，类似于我们电脑的"垃圾箱"，如果不清空，它会一直在里面。

（6）备份。由于印象笔记是云存储，所以不用备份。

8.9

微信通讯录管理

这一章我们讨论的是知识管理，表面上看它只是用来对各种信息进行归类整理，并且进行调取，但其实它的运用场景非常多元，只要是与信息相关的，我们都可以用这套方法来管理。比如接下来要谈到的微信通讯录管理。

你是不是经常会遇到这样的问题：

—在刷朋友圈时，看到一个朋友的名字是"风之子"，却反应不过来他是谁。

—因为某件事要找一个朋友，却怎么也搜索不到。

—过节的时候想给某个群体发祝福信息，却想不起其中的某个人。

当我们添加的微信好友越来越多以后，如何快速查找特定的人、快速知道对方是谁，便会变得十分困难。这时候，就需要建立一套微信通讯录管理机制。这个机制对应了本章提到的三个技巧：

（1）建立备注规则（对应"重写标题"）。

（2）建立标签规则（对应"标签法"）。

（3）添加备注信息（对应"添加摘要"）。

8.9.1　建立备注规则

在加完好友以后，马上修改他的备注名，这是大多数人会做的功课。但是，在具体要搜索某个人时，我们却总是忘记对方的名字。为了解决这个问题，我们可以增加一些线索，以提高检索的效率。举个例子，假如某人加了"曹将"的微信，备注信息可能是：

—曹将 | 保利发展 | 培训 | 公众号

这样，他就可以从曹将的公司（保利发展）、工作职能（培训）、副业（做公众号）三个维度搜索到他。

又比如，有一位老师曾经给我们上过课，在课后我加了她的微信，备注是这样的：

—任巍 | 关键对话 | 凯洛格 | 总部中层

这样，我就可以通过老师的授课内容、她所在的机构、授课对象三个维度来检索到老师。

一般来说，姓名备注可以包括这些信息：

—姓名：对方的姓名。

—公司：对方所在的公司。

—前公司：对方在更早之前在哪家公司待过。

—职能：对方负责的工作内容，比如营销、技术。

—特点：这个比较多元，比如他是在某个朋友的饭局上认识的，就会加上那个朋友的名字，举个例子"张三 | 李四的女友"。

8.9.2 建立标签规则

微信里没有目录功能，但有标签。如果我们要找到同一类型的好友，便可以通过标签来查找。比如教师节的时候，我需要找到合作过的老师，然后逐一发送祝福信息。这时候，我就会在微信里，通过与"老师"相关的标签，找到这些老师，然后再逐一发信息。

你肯定会问了，这个标签体系怎么建立呢？我的逻辑是 7 类：

—同学：初中、高中、本科、研究生。

—同事：公司内部的同事。

—同行：房地产行业的朋友，做培训管理工作的朋友。

—生活：家人，有趣的人，朋友的朋友。

—合作：合作过的机构，合作过的老师。

—专题：比如 PPT 圈子的朋友。

—其他：待分组的朋友。

当然，你也可以根据自己的实际加入"客户""跑友"之类的标签。

在具体使用上，我有 4 个建议。

第一，"待分组"很重要。它就类似于"收件箱"，当你刚加完一个好友，不知道把他分到哪里时，就可以先放入待分组，之后再加其他标签。

第二，突出常用标签。有些标签是我们经常使用的，比如对我来说"同事"就是如此，那么我会在标签里加一个小火箭（🚀），这样就更容易在加标签时识别出来。

第三，利用微信电脑客户端进行集中管理。手机端只能一个个改，电脑端可以批量修改，对一群人加标签，效率会高很多。

第四，某个人可能有两三个标签。比如一个人，他既是同学，也是同事，那么就属于这两个标签。

标签还有一个用处，就是用来维护关系。有个朋友建立了一个"重要"标签，他会每天打开这个标签里的人的朋友圈，如果有发状态，就会去点评一下，作为维护日常关系的一种方式。

8.9.3　添加备注信息

对于大多数人来说，刚加了好友，会做一次自我介绍，在里面放上自己的电话号码、个人名片等。我们可以把这些信息加入对方备注，以后打开就能更全面地掌握他的基本情况。

这里有个诀窍，如果对方没有发个人介绍给你怎么办？你可以先发自己的，对方总不好意思不回吧。其实这也给我们一个沟通上的启发：自我介绍是一种美德。如果你不自我介绍，在别人那里，你就只是一个 Nobody（小人物）。

8.9.4　通讯录管理的三个建议

以上就是微信通讯录管理的流程。在具体使用上，还有三个建议。

第一，及时更新对方信息。

在刷朋友圈时，有时你会突然发现你的某个好友可能换了单位（连续发了好几条其他公司的广告），这时候就可以顺道确认一下他是否跳槽了，如果是，那就更新一下他的备注和标签。

第二，重要的人建个特别的标签。

比如，我有一个标签叫"恩人"，他们都是在我人生路上对我有帮助的人。逢年过节，我一定会给他们发一条祝福信息。不是为了索取什么，只是为了表达感谢。

第三，有些人的备注可以多写一些。

之前遇到一个创业者，他经常要跟各种人打交道，酒局在所难免。在酒局上，需要找很多话题。他的绝招就是，在备注里加上这些人的三类信息：

一第一类是双方的交集，比如在哪里认识的、有什么共同点（如老乡、同学）。

一第二类是对方的背景信息，例如之前在哪里工作过、和谁是好友。

一第三类是对方的特点和兴趣，比如对方之前去过南极。

每次酒局前，看一下备注，这样在交流时就有更多的话题。

总　结

本章我们讨论了一个问题：如何进行知识管理？

（1）知识管理的核心，就是高效地完成信息收集、信息存储和信息提取，从而让知识真正意义上服务于我们的工作，提升我们的效率。

（2）知识管理包括 6 个步骤：匹配、收集、收纳、提取、迭代和备份。

（3）只要是跟信息打交道的场景，都可以用知识管理的思路进行管理，例如微信通讯录管理。

本章的总结如图 8-4 所示。

知识管理：沉淀学习交付物

A 匹配
找到满足自己需求的信息。

B 收集
存储有价值的信息。

C 收纳
搭建知识体系

D 提取
快速找到目标信息。

E 迭代
升级内容和体系

UPDATE

F 备份
避免信息意外丢失

图 8-4　知识管理：沉淀学习交付物

第 9 章
利用碎片时间学习

本书提供的学习方法，大多偏向于系统性掌握某个知识和技能，这需要整块时间来完成。但是对现在的职场人来说，工作多，时间少，只能挤出碎片时间来学习。这有没有推荐的学习方法？

　　本章，我们将聚焦四类碎片时间，分享一些靠谱的建议。

9.1 上班路上如何学习？

9.1.1 以听为主

人在路上，一般很难做到绝对专心。如果是看电子书，会经常被打断，比如进地铁站时要刷卡，进入地铁车厢后经常要挪动位置，所以为了保证学习的连贯性，"听"便是一个不错的解决方案。现在不同的内容有不同的收听渠道：

—如果是找精品课程，"得到"和"樊登读书"上就有很多。

—如果希望轻松一点获取信息，"喜马拉雅""小宇宙"上有很多播客。

—如果是想听公众号文章，那么可以在"微信读书"里搜索对应的公众号，然后打开文章收听。

—如果是 Word 或 PDF，那么可以把它们导入手机版 WPS 里收听。

9.1.2 对收听的内容进行分类

对内容进行分类可以帮助我们明确收听的方向，比如新闻类的核心是及时，那么最好是收听每天更新的频道。我主要收听三类内容。

—第一类是新闻，比如通过每天早上的播客《8 点一氪》，了解科技界一天的新闻。

—第二类是讨论，比如通过播客《一派 Podcast》，了解嘉宾对某个科技主题的看法。

—第三类是知识，比如通过得到上的专栏课程，了解专业的知识和案例讲解。

9.1.3　规划自己听的内容

不同类别的内容带来的效果不同：新闻和讨论丰富你的谈资，知识则丰富你的认知。个人习惯是：早上听新闻和知识，一方面准备沟通话题，另一方面引导自己进入学习状态；晚上听访谈，因为节奏比较慢，可以让人放松。

9.1.4　试试收听一个主题的内容

按主题收听的好处是让自己形成系统性的认知。比如，有段时间我要准备关于"影响力"的课件，就在得到的"听书"里，把所有跟"影响力"相关的书都听了一遍。

9.1.5　听的时候阅读文字

如果是在交通工具上，听的时候可以同步阅读文字。目前得到、喜马拉雅等平台都可以看到文字版内容，多一种输入的刺激，效果也会好一点。

9.1.6　一边听一边做笔记

听到有启发的内容时，建议马上做标注。有的 App 可以直接画线标注（比如得到）；有的不行，那么就打开笔记软件记录（比如印象笔记）。

9.1.7　务必配一副优质降噪耳机

路上总是很吵，为了保证自己更专注，务必配一副优质降噪耳机。

9.1.8　试试 1.2/1.5 倍速

速度快，你的注意力更容易集中。反之，速度太慢，人会容易走神。而且，原本要 20 分钟才能听完的内容，15 分钟就听完了，自己会产生一种满足感。

9.1.9　及时整理笔记

到公司或回到家后，务必及时整理收听的收获。有两个层次：

—第一层是归类，即把类似内容汇集到一起，方便后续检索。

—第二类是延伸，即针对某个知识点，结合自己的情况进行演绎。

例如，当听到"可以通过设置提醒来改善习惯"时：

—归类：思考还有哪些方法可以改善习惯，将它们归到一起。

—延伸：那我可以设置一个晚上 10 点的闹钟，提醒自己开始阅读。

9.1.10　留一首歌的时间

在离公司还有 4 分钟距离的时候，建议切换成轻松模式，比如放一首节奏感强的歌，比如《We will rock you》。调整心情，让自己进入工作状态。

9.2　下班后如何学习？

9.2.1　明确学习目标

明确学习它是为什么，最好是一个功利性的目标，比如为升职，为找工作。目标有价值，学习才有动力。比如，我会刻意学习与"领导力"相关的内容，因为这与培训工作相关。

9.2.2 设定学习任务

今天要学多少，必须完成，有压力才有动力。

9.2.3 任务不能太难

就像锻炼，一开始不要要求自己每天锻炼 1 小时，还是先从每天 10 分钟开始。

9.2.4 不要图快

不要为了完成一年 100 本书，就选择容易读的书。很多时候，一本经典之作比得上 10 本畅销书。试试重新读一本不错的旧书，总会有新发现。

9.2.5 试试按主题学习

围绕一个主题展开，系统地学习相关知识，可以让你更专业。怎么找到相关内容？在"豆瓣"里搜索某本书，然后翻到下方，会有"喜欢这本书的人也喜欢"，便可以得到其他相关的书。

9.2.6 在固定时间段学习

每天设置一个固定时间段学习，比如晚上 10 点到 11 点。久而久之，人会在这个时段快速进入学习状态。

9.2.7 创造舒适的学习环境

核心原则有两个：第一，尽量离床远点；第二，布置得舒服一点。

9.2.8　先洗澡

这是我妈教我的道理，每天晚上吃完饭后，赶紧整理和洗漱，这样无论做任何事，都会觉得很轻松。事实确实如此，你学习得正起劲，突然想起还要洗澡，心情瞬间就乱了。

9.2.9　放一杯水在旁边

想喝的时候直接拿，不用再离开，保证注意力的可持续。

9.2.10　放一首轻音乐

试试在网易云上搜索"学习歌单"，好的轻音乐可以让人安静下来。

9.2.11　学习也要分段

类似于读书阶段的上课，每节课之间有课间休息。自学也可以如此，30分钟一段，休息 10 分钟听两首歌，再学 30 分钟。

9.2.12　每周有一天不学习

好的学习讲究可持续，而不是一鼓作气。留点时间休息，反而会让自己更能坚持下去。在准备考研时，我会刻意每周五晚上休息，看美剧和综艺。这样每周有个放松，也有个期待。

9.2.13　手机关机或设置为勿扰模式

集中注意力，可以最大限度地释放生产力。

9.2.14 身边准备一本便利贴

突然想到要做什么事情时，马上记下来。

9.2.15 找到自己适合的学习形式

听书、看书、看视频，每个人都有自己的偏好，只要符合输入的目标，媒介无所谓。对自己来说，如果连续看了两晚书，会考虑下一晚听听对应的课，调整一下输入方式，也相当于变相解压。

9.2.16 好好做笔记

笔记可以让人更投入，因为刺激点除了视觉，还多了手的触觉。

9.2.17 找个地方打卡

学习结束给自己打个卡，可以是在 App 里，如在印象笔记里写下今天学了什么，或者将学习心得分享到朋友圈，给自己一个结束的仪式感。

9.2.18 不要一直输入，也要考虑输出

留下几分钟输出，可以是念出来，可以是写几句话，还可以是画一张思维导图。

9.2.19 试试预习加复习模式

我们会花很多时间在交通工具上，可以考虑在公交车上听书（课），了解大致内容，回到家后再以 2 倍速回顾，并同时做笔记，效果更好。很多时候听了就以为学到了，但其实只听不回顾的结果是大多数内容都忘了。

9.2.20　学习要有交付物

学完一个主题，要有明确的产出。可以是读书笔记，可以是工作实践，可以是一次考试，或者是一次分享。

9.3 旅途中如何学习？

9.3.1　随手记录感悟

旅途最大的魅力就是：在其他信息的刺激下，人会突然产生一系列感悟。之前没想通的事，这时候突然想通了；之前没想到的事，这时候突然想到了。这时候，不要让那些新鲜的灵感跑掉。试试把它们留存下来，几个关键词就好。这样回到工作中也能随时调取。

之前我在珠海旅行中做了一次SPA。按摩过程中，突然灵光一闪：跟技师的沟通，很像跟下属的对话。

第一，要提前说明要点。比如一开始，就跟技师说清楚力度，之后他的操作便有了大方向。这就像日常布置工作，需要一开始就说明要点和要求，否则对方也只能按照过去的套路操作。

第二，要在过程中反馈。在按摩的时候，如果某个部位按着感觉特别酸胀，那就反馈给技师。他会多按几次，让你得到彻底放松。而在跟下属沟通时也是如此，如果中间哪里做好了，那就要及时表扬，之后便会固化为习惯；而做得不好的地方，要及时指正，对方也会调整工作节奏。

于是，我把这个想法记到了笔记软件里，提醒自己日后跟下属沟通时应该做好说明和反馈。

9.3.2　看看当地的纪录片

我有个习惯，在去往目的地的路上，看看当地的纪录片。这是最快了解一座城市的方式。而且，在看纪录片的时候，你会有更大的期待：想去看看里面提到的场所，去感受当地的人文。期待，总是最美好的驱动力。

9.3.3　带上一本小书

旅途中会有大量时间在交通工具上，这时候可以考虑看一本小书。这本书不建议与工作相关，毕竟旅行的首要任务还是"让自己放松"。

个人比较喜欢一些社科人文方面的书，比如《生活十讲》《孤独六讲》《寻路中国》。在看这些书的时候，你会更好地去思考自己，思考与工作、家人、社会的关系。而这些感悟，在旅途被中会被放大，也更容易带来一些新的启发。

9.3.4　多和司机聊天

在旅途中，我喜欢跟出租车司机聊天，他们应该是对当地最熟悉的一群人。而且，他们乐于跟乘客聊天。我也储备了几个万金油话题，比如：

—当地的房价走势

—当地好吃好喝的地方

—当地好玩的地方

—本职工作是做什么的（针对滴滴司机）

只要打开了话匣子，后面就好深度沟通了。比如，之前有一次跟司机聊，他就说自己其实是开公司的，不过公司运营不好关闭了。在家闲不住，就出来跑滴滴，也顺便跟不同人聊天，算是做市场调研。这之后，我们就顺便聊起了他运营公司的一些心得，如何做好初创团队的管理、如何跟合作方谈判等，自己也顺道积累了一些管理案例。

9.3.5　记录城市的细节

我喜欢拍照，当然遇到各种好东西，也会留存下来。比如去珠海长隆入住企鹅酒店，发现它们提示不要抽烟的文案是：为了儿童的健康，请勿在室内吸烟。因为这里基本上是以家庭为单位入住，所以大多有小孩。这样的文案就比"请勿吸烟"更切中父母的关注点，也更能起到宣传警示效果。这个案例我就加到了印象笔记"如何沟通"的"笔记本"中。

9.3.6　逛逛博物馆

如果目的地有博物馆，我一定会去参观。在参观之前，可以先去官网看看，大多会有免费讲解的时间段。在参观时，这些历史文化有时还会带来一些意外的收获。在第 5 章里提到过，我在成都参观四川省博物馆时，看到张大千如何临摹敦煌绘画的介绍后，便对"如何偷师"有了更深入的理解。

9.3.7　带上一个输入设备

我会随身带上 iPad，配上一个键盘。这样在车上、在酒店里，都可以快速记录下当天的感受。毕竟手机输入还是不太方便。

9.3.8　工作的事马上写入备忘录

在旅途中，总是难免会想起工作上的事情。如果不紧急，那就不要马上处理，或者交代给他人（他人也要休息）。把它们写入备忘录，设定好时间，在工作日前一晚上，梳理出待办，安排到日程里。

9.3.9　旅程不要安排太满

安排一些空闲时间，就单纯地在酒店、民宿外走走，和一些偶遇的人聊天，反而会更有获得感。比如，在吴哥窟旅行时，我跟一家按摩店的老板聊天。

她是潮汕人，不想在老家朝九晚五地工作，于是来到异乡打拼。现在有一个赚钱的法子，就是带中国人过来投资，投资后的公寓、商铺由她帮忙经营。这样就有两笔收入——中介收入和经营收入。这个案例我就加入了印象笔记"如何赚钱"的"笔记本"里。

9.3.10　提前半天回家

如果是长假，我一般会提前一天或半天返程。这半天用来洗衣整理，梳理接下来的工作安排。有了这个习惯，基本不会遇到"假期综合征"，毕竟提前一晚已经把症状消化了。

9.4　如何通过微信公众号学习？

9.4.1　去哪找优秀的公众号？

推荐"印象笔记"和"有道云笔记"的榜单。为什么？因为它们的标准不是阅读量，而是大家的收藏量。所以，质量是第一要义。关注它们的微信公众号，每个月都会有高质量的榜单公布。

9.4.2　如何评价一个公众号是否合格？

渠道筛选非常重要，毕竟阅读意味着花费时间、接受观点，一旦没选好，就容易浪费时间。我有4个步骤来确定一个公众号是否值得关注：主题是否适合？作者是否可信？内容是否连续？表达是否清晰？

以我看得比较多的"保利投顾研究院"为例：

—主题：我在地产企业，需要知道行业发展脉络。

—作者：来自头部企业，团队持续深耕房地产研究。

—内容：每天有固定的栏目"地产早茶"，定期有"市场月报"和专题研究报告。

—表达：逻辑清晰，例如行业月报有摘要，然后从新房市场、土地市场、地产金融环境、后市研判展开。

这里顺便推一下自己的公众号，名字叫"曹将"：

—主题：工作 5 年内的职场人自我提升。

—作者：持续 7 年深耕职场领域的效率提升，2019 年印象笔记"职场识力榜"NO.3。

—内容：每周两篇原创职场干货，有固定的栏目"结构化思维""高效学习""职场加分好习惯""职场效率模板"等。

—表达：文章基本遵循结构化表达逻辑，开头说明要解决什么问题，接下来讨论如何解决，提供实操工具，最后进行总结。

总之，好的公众号肯定是适合你的、在这个领域有品牌、可持续输出，而且表达过关。

9.4.3　应该关注哪些主题的公众号？

公众号的选择还是与学习目标一致，我的选择目标有 4 类。

（1）信息类。比如"保利投顾研究院""少数派""AppSo""36 氪"，获取每天想要的房地产、科技数码信息。

（2）培训类。比如"培训杂志""章法森言"，获取培训领域相关的信息和实践。

（3）写作类。比如"广告文案""诗歌鸟巢""老笔头""稿子君"，学习文案和公文写作。

（4）偷师类。比如其他公司培训公众号，持续观察它们的动作，作为对标参考。

可以看到，我主要是通过公众号来获取信息、学习写作，并且了解培训领域的方法和实践。

9.4.4　如何搜索公众号文章？

当我们有固定的搜索目标时（比如要找"××企业年报分析"），可以在网页端进入"搜狗微信搜索"（https：//weixin.sogou.com/）后进行检索。

9.4.5　什么时候阅读公众号？

我有两个阅读场景。

（1）碎片时间阅读。比如等人时、排队时和上厕所时，一般就是看看最新的文章。

（2）集中时间阅读。比如某个晚上，一般是连续看某个公众号的过往文章。有段时间我就集中阅读"章法森言"关于培训的文章，从中学习培训方法论。

9.4.6　文章读到一半时消息来了怎么办？

在阅读时，经常在看到一半时有消息进来。这时候，我会直接点击文章右上角的"…"，然后选择"浮窗"。等到有时间了，便可以在微信首页面点击左上角的".."，阅读相应的文章。

9.4.7　文章很不错，想要保存怎么办？

有时候遇到一篇好文，希望永久保存。这时候我会：

—点击公众号文章右上角的"…"，选择"复制链接"。

—打开印象笔记，它会自动识别链接文章，点击"保存"，便可以将它存为笔记。

9.4.8 如何听公众号文章?

有一个非常简单的方法,那就是在"微信读书"里搜索并订阅公众号。这样,便可以通过微信读书听书了。同时,它还支持标注重点。

9.4.9 特别提示:公众号替代不了图书

公众号写作的特点,决定了它是散点式,很少具备系统性。所以,从这里获取案例、信息是比较合适的,但如果希望系统性获取某个领域的知识,还是建议看书。

参考文献

[1] 高琳，林宏博 . 故事力 . 北京：中信出版社，2020.

[2] [美] 拉姆・查兰，[美] 斯蒂芬・德罗特，[美] 詹姆斯・诺埃尔 . 领导梯队：全面打造领导力驱动型公司（原书第 2 版）[M]. 徐中，等，译 . 北京：机械工业出版社，2011.

[3] [美]R.M. 加涅，[美]W.W. 韦杰，[美]K.C. 戈勒斯，[美]J.M. 凯勒 . 教学设计原理（第五版修订本）[M]. 皮连生，等，译 . 上海：华东师范大学出版社，2018.

[4] [日] 丸山一彦 . 万物的尺度：看得见的单位 [M]. 浪花朵朵，编译 . 河南：大象出版社，2021.

[5] [美] 科里・帕特森，[美] 约瑟夫・格雷尼，[美] 罗恩・麦克米兰，[美] 艾尔・史威茨勒 . 关键对话：如何高效能沟通（原书第 2 版）[M]. 毕崇毅，译 . 北京：机械工业出版社，2017.

[6] [美] 菲利普・科特勒，[美] 凯文・莱恩・凯勒，[中] 卢泰宏 . 营销管理（第 13 版・中国版）[M]. 卢泰宏，译 . 北京：中国人民大学出版社，2009.

[7] 脱不花 . 沟通的方法 [M]. 北京：新星出版社，2021.

[8] [美] 大卫・梅斯特，[美] 查理・格林，[美] 罗伯特・加弗德 . 值得信赖的顾问 [M]. 吴卫军，李东旭，译 . 北京：机械工业出版社，2018.

[9] [美] 杰夫・戴维森 . 好点子都是偷来的 [M]. 王鼐，译 . 北京：中国广播电视出版社，2013.

[10] 蒋勋 . 生活十讲 [M]. 桂林：广西师范大学出版社，2010.

[11] 李欣频 [M]. 十四堂人生创意课 [M]. 北京：电子工业出版社，2008.

[12] [美] 弗雷德・考夫曼 . 意义革命 [M]. 刘洋，译 . 北京：中信出版集团，2020.

[13] [美] 瑞・达利欧 . 原则 [M]. 刘波，綦相，译 . 北京：中信出版社，2018.

[14] 王梦奎 . 怎样写文章 [M]. 北京：中国发展出版社，2010.

[15] [瑞士] 亚历山大・奥斯特瓦德，伊夫・皮尼厄 . 商业模式新生代 [M]. 王帅，等，译 . 北京：机械工业出版社，2011.

当你离开一家公司时，你可以带走什么？

因为做培训管理工作，我经常会遇到这样的场景：在对同事进行调研时，大家都会说"我想学习""多给我们安排一些课程"；但是，一旦安排了线上或线下课程后，大家又不愿参加。询问原因，答案一般是"太忙了"。

学习是一件重要又不紧急的事。学过时间管理的朋友都知道，可以把事情按照重要紧急程度划分为 4 个维度。我们会将大部分时间花在紧急的事情上，因为它符合我们的人性：马上做，马上有产出。比如，临时接到一个任务要写年度总结，那肯定马上着手，赶紧写出来。而重要不紧急的事情我们一般都认同应该做，但也总是不自觉地选择拖延，因为付出了时间，当前看不到价值产出。比如，2021 年疫苗已经生产出来，政府也在倡导大家打，很多朋友也觉得应该打，但手上事情多，就拖延了。等到广州突然又出现疫情，这时候要打，却很难排上号。

学习也是如此。无论是看书、听课、偷师还是实践，这些积累并不能马上带来价值产出。但是，等到突然要离开一家公司，或者去竞聘时，我们才发现，每天忙忙碌碌，却没有能力上的进步。可惜，已经晚了。

如何解决这个问题？

当我们离开一家公司时，我们带走了什么？是公司的 title（职位）吗？事实上这并不是最重要的事，名声很快会过去。是工资吗？除了少数拥有期权的人，你每个月获取工资的时候，你产生的价值就基本被兑现掉了（剩下的基本上会在年终奖中兑现）。这些都不是你的资产。我们能带走的是属于我们自己的知识。所以，我特别希望，不论你在哪里积累知识，请为你自己也积累一份。这是个好习惯，可以伴随你一辈子。——刘少楠

刘少楠是我很喜欢的一位产品经理，他开发了一款知识管理 App，叫"flomo"。这是他在一次直播里分享的一段话。

明确自己能带走什么，才能有意识地去积累什么。

知识是我们最容易带走的，所以，当你因为工作忙碌而想要放弃学习时，问自己这个问题：当我离开这家公司时，可以带走什么？

这一切的积累，最后都会让我们成为更好的自己。